Mein
Kinderlexikon

Text Anita Ganeri, Chris Oxlade
Projektbetreuung Simon Holland
Cheflektorat Alka Thakur Hazarika, Laura Gilbert,
Mary Ling, Sue Leonard
Lektorat Shatarupa Chaudhuri
Redaktion Suneha Dutta, Sue Malyan
Redaktionsleitung Sarah Larter
Programmleitung Sophie Mitchell
Art Director Stuart Jackman
Bildredaktion Romi Chakraborty, Diane Peyton Jones,
Rachael Foster, Cathy Chesson, Tory Gordon-Harris,
Rebecca Johns, Shreya Sadhan, Kartik Gera
DTP-Design Bimlesh Tiwary. Almudena Díaz
CTS-Manager Balwant Singh
Herstellung Nicole Landau, Ben Marcus, Jenny Jacoby
Bildrecherche Brenda Clynch
Beratung John Woodward, Susan Kennedy,
Jack Challoner, Carole Scott

Für die deutsche Ausgabe:
Programmleitung Monika Schlitzer
Redaktionsleitung Martina Glöde
Projektbetreuung Sebastian Twardokus
Herstellungsleitung Dorothee Whittaker
Herstellungskoordination Arnika Marx
Herstellung und Covergestaltung Sabine Hüttenkofer

Titel der englischen Originalausgabe:
First Encyclopedia

1. Auflage unter dem Titel *Kinderlexikon* erschienen.

Übersetzung Michael Kokoscha
Lektorat Angela Obermaier

ISBN 978-3-8310-3084-2

Druck und Bindung Hong Kong

Besuchen Sie uns im Internet
www.dorlingkindersley.de

Inhalt

Regionen der Erde

- 4 Weltkarte
- 6 Länder und Kontinente
- 8 Meere und Ozeane
- 10 Wüsten
- 12 Grasland
- 14 Regenwälder
- 16 Flüsse und Seen
- 18 Gebirge
- 20 Die Pole
- 22 Große Städte

Menschen und Kultur

- 24 Die Menschen
- 26 Große Religionen
- 28 Leben mit Religion
- 30 Schreiben und Drucken
- 32 Kunst und Architektur
- 34 Musik
- 36 Theater und Tanz
- 38 Kleidung und Mode
- 40 Sport und Freizeit
- 42 Arbeit und Beruf

Geschichte

- 44 Weltgeschichte
- 46 Frühzeit
- 48 Das alte Ägypten
- 50 Die Griechen
- 52 Die Römer
- 54 Die Wikinger
- 56 Azteken, Inka und Maya
- 58 Ritter und Burgen
- 60 Entdecker
- 62 Das 20. Jahrhundert

Lebewesen

- 64 Welt des Lebens
- 66 Pflanzen
- 68 Bäume

Am unteren Rand steht auf der linken Seite eine Frage …

70 Pflanzennahrung
72 Tiergruppen
74 Säugetiere
76 Amphibien
78 Reptilien
80 Fische
82 Vögel
84 Insekten und Spinnen
86 Dinosaurier
88 Unser Körper
90 Essen und Verdauen
92 Muskeln und Bewegung
94 Gehirn und Sinne

Natur und Technik

96 Wissenschaft
98 Energie
100 Elektrizität
102 Licht und Farbe
104 Schall
106 Kräfte und Bewegung
108 Industrie
110 Autos, Lastwagen und Züge
112 Flugmaschinen
114 Schiffe und Boote
116 Technik
118 Maschinen und Computer
120 Fernsehen und Medien
122 Kommunikation

Planet Erde

124 Unser Planet
126 Vulkane und Erdbeben
128 Gesteine
130 Bodenschätze
132 Luft und Atmosphäre
134 Wasser
136 Wetter
138 Klima

Weltall

140 Das Weltall
142 Sterne und Galaxien
144 Sonne und Sonnensystem
146 Planeten und Monde
148 Unser Mond
150 Kometen und Meteore
152 Raumfahrt
154 Weltraumforscher

Anhang

156 Wahr oder falsch?
158 Quiz
160 Wer oder was bin ich?
162 Wo gibt's was?
164 Glossar
166 Register
168 Dank und Bildnachweis

Wegweiser durch das Buch

Was möchtest du ganz genau wissen? Auf den Seiten dieses Buches findest du besondere Elemente. Sieh genau hin und du wirst viel Interessantes erfahren!

Sieh dir die Kapitel genau an, um herauszufinden, wer oder was auf den Fotos unter „Was bin ich?" zu sehen ist.

„Mehr erfahren"-Kreise sagen dir, wo du mehr zu einem Thema findest.

Farbige Balken oben auf jeder Seite zeigen an, zu welchem Kapitel sie gehören.

Probier's aus!
Diese Kreise fordern dich zum Ausprobieren und Mitmachen auf.

… und auf der rechten findest du die Antwort.

Weltkarte

Eine Weltkarte wie diese ist eine Abbildung der Erdoberfläche. Bevor solche Karten gezeichnet werden konnten, mussten Menschen die Erde erst erforschen.

Nord-polarmeer

Rocky Mountains

NORDAMERIKA

Grönland ist die größte Insel der Erde.

Wolga

Donau

EUROPA

Alpen

Der heißeste Ort ist das Death Valley in Kalifornien.

Oberer See

Pazifischer Ozean

Kaspisches Meer

Große Arabische Wüste

Sahara

Mississippi

Amazonas

Nil

Nordpol

Atlantischer Ozean

SÜDAMERIKA

AFRIKA

Die trockenste Region ist die Wüste Atacama in Chile.

Anden

Südpol

Äquator

Eine solche Karte nennt man Globus. Ein Globus ist rund – wie unsere Erde.

Die fünf Ozeane

Wasser bedeckt mehr als zwei Drittel der Erdoberfläche. Der größte Teil dieses Wassers ist in Ozeanen und Meeren enthalten. Die fünf großen Ozeane sind hier abgebildet.

ANTARKTIKA

4

Rekordhalter

Diese Landschaften sind rekordverdächtig.

Die **Sahara** ist mit 9 Millionen Quadratkilometern die größte Wüste.

Der **Obere See**, einer der fünf Großen Seen in Nordamerika, ist der größte Süßwassersee.

Der **Mount Everest** im Himalaja ist der höchste Berg mit 8850 Metern.

Der **Nil** in Nordafrika ist mit 6850 Kilometern der längste Fluss der Erde.

Der **Pazifische Ozean** ist der größte Ozean. Er bedeckt etwa ein Drittel der Erde.

Was bin ich?

Finde auf den Seiten der „Regionen der Erde" die Fotos, aus denen diese Ausschnitte stammen.

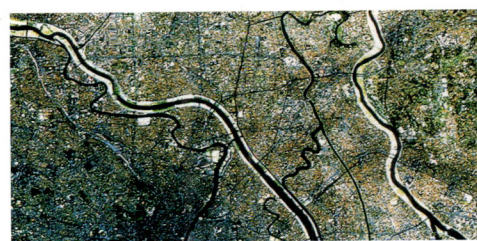

Sibirien
Baikalsee
ASIEN
Wüste Gobi
Himalaja
Mount Everest
Jangtse-kiang

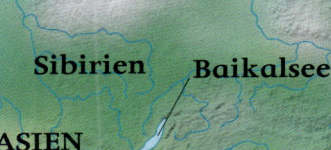

Die Erdoberfläche

Dies ist eine sogenannte physische Karte. Sie bildet die Erdoberfläche ab und zeigt, wo Gebirge, Wüsten und Seen liegen.

Der Äquator

Indischer Ozean

AUSTRALIEN

Große Sand-wüste

Große Victoria-wüste

Südpolarmeer

Am windigsten ist es in der Commonwealth Bay in der Antarktis.

Der kälteste Ort der Erde liegt in der Antarktis.

Mehr erfahren
über die Menschen
S. 24–25
die Welt des Lebens
S. 64–65
unseren Planeten
S. 124–125

Eine gedachte Linie um die Mitte der Erde.

Länder und Kontinente

Die Erde ist in über 190 Länder aufgeteilt, die auf sieben Kontinenten liegen. Fast jedes Land hat seine eigene Regierung und seine eigenen Gesetze.

In Nordamerika liegen Kanada, die USA und Mexiko. Die USA bestehen aus 50 Bundesstaaten.

Urkontinente

Vor Millionen von Jahren gab es nur einen Superkontinent, der von Meer umgeben war. Mit der Zeit brach er auseinander.

Die Kontinente vor 200 Millionen Jahren

Flüsse, Gebirge und Meere bilden natürliche Grenzen zwischen Ländern.

Die Kontinente vor 135 Millionen Jahren

Länder

Diese Karte zeigt die Länder Südamerikas. Einige Länder sind sehr klein. Andere, wie Brasilien, sind riesig groß.

Die Kontinente vor 10 Millionen Jahren

Südamerika ist der viertgrößte Kontinent.

Die sieben Kontinente

NORDAMERIKA

SÜDAMERIKA

Caracas
Venezuela
Georgetown
Bogotá
Kolumbien
Paramaribo
Cayenne
Quito
Ecuador
Guyana
Surinam
Peru
Französisch-Guayana
Lima
São Paulo in Brasilien ist mit rund 12 Millionen Einwohnern eine der größten Städte der Erde.
Brasilien
La Paz
Bolivien
Brasília
Sucre
Paraguay
São Paulo
Asunción
Chile
Uruguay
Santiago
Buenos Aires
Montevideo
Argentinien
Diese Inseln heißen Falkland-inseln.

Hauptstädte

Jedes Land hat eine Hauptstadt. Hier sitzt meistens die Regierung und beschließt Gesetze. Die Hauptstadt von Argentinien heißt Buenos Aires.

Buenos Aires

Welches Land hat die meisten Nachbarländer?

Die Kontinente heute

Auf der Karte unten sind die sieben Kontinente der Erde eingezeichnet. Auf welchem Kontinent lebst du?

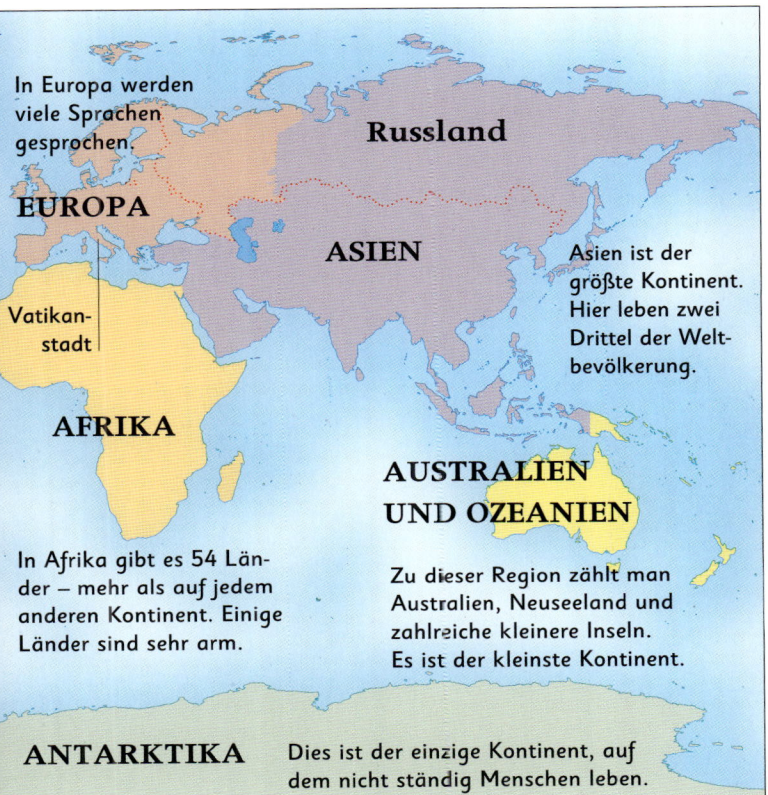

In Europa werden viele Sprachen gesprochen.

EUROPA

Russland

ASIEN

Asien ist der größte Kontinent. Hier leben zwei Drittel der Weltbevölkerung.

Vatikanstadt

AFRIKA

In Afrika gibt es 54 Länder – mehr als auf jedem anderen Kontinent. Einige Länder sind sehr arm.

AUSTRALIEN UND OZEANIEN

Zu dieser Region zählt man Australien, Neuseeland und zahlreiche kleinere Inseln. Es ist der kleinste Kontinent.

ANTARKTIKA

Dies ist der einzige Kontinent, auf dem nicht ständig Menschen leben.

Die Basilius-Kathedrale in Moskau

Das größte Land

Russland ist das größte Land der Erde. Es hat eine Fläche von mehr als 17 Millionen Quadratkilometern und erstreckt sich über Teile Europas und Asiens. Die Hauptstadt von Russland heißt Moskau.

Das kleinste Land

Der Staat Vatikanstadt liegt mitten in der italienischen Hauptstadt Rom und hat nur ungefähr 900 Einwohner.

Karten zeichnen

Früher zeichnete man Karten mit der Hand. Heute machen Flugzeuge und Satelliten Aufnahmen der Landschaft. Computer verwandeln die Fotos in Karten.

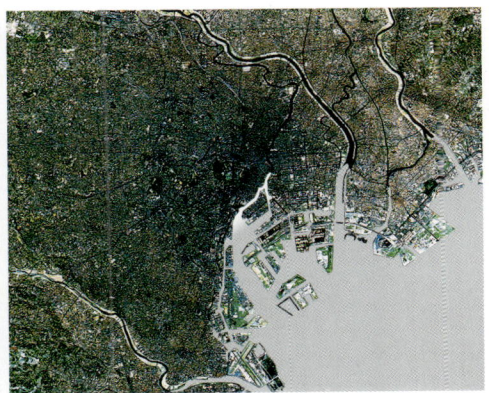

Das Gradnetz

Das Gradnetz auf einer Karte hilft dir, darauf einen bestimmten Ort zu finden. Jedes Planquadrat hat eine Zahl und einen Buchstaben.

Diese Straße liegt in Quadrat 3a.

Dieser Platz liegt in Quadrat 4c.

a b c d

1 2 3 4

probier's aus!

Ein Atlas ist ein Buch voller Karten von Kontinenten und Ländern. Hole dir einen Atlas und suche das Land heraus, in dem du lebst.

China: Es ist von 16 anderen Ländern umgeben.

Meere und Ozeane

Ungefähr zwei Drittel der Erdoberfläche sind von Salzwasser bedeckt. Diese Wassermenge verteilt sich größtenteils auf fünf Ozeane: den Pazifischen, den Atlantischen und den Indischen Ozean sowie das Nordpolarmeer und das Südpolarmeer.

Warum ist das Meer salzig?

Meerwasser schmeckt salzig, weil darin neben anderen Mineralien auch Salz aufgelöst ist. Das Salz wird vom Festland ins Meer gespült. Es ist die gleiche Art von Salz, die wir beim Kochen verwenden.

Einige Fische des Korallenriffs tarnen sich durch ihre Farbgebung. Andere warnen Feinde durch ihre bunte Farbe.

Vulkane und Inseln

Ebenso wie auf dem Land gibt es unter dem Meer Berge, Täler und Vulkane. Einige Vulkane sind so hoch, dass ihre Gipfel als Inseln aus dem Wasser ragen.

Flossen helfen beim Schwimmen unter Wasser.

Mehr erfahren

über die Pole
S. 20–21
Vulkane und Erdbeben
S. 126–127
Wasser
S. 134–135

Leben im Meer

Korallenriffe sind riesige Unterwassergärten. Sie bestehen aus den Skeletten von Millionen winziger Meerestiere. Hier leben Haie, Fische und andere Meeresbewohner.

Welches ist das größte Korallenriff der Erde?

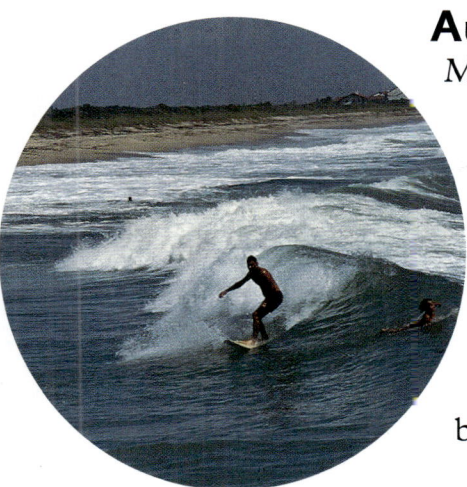

Auf und ab

Meerwasser ist immer in Bewegung. Mächtige Strömungen fließen wie Flüsse durch die Ozeane und der Wind lässt Wellen entstehen. Bei Flut steigt der Wasserspiegel an den Küsten, bei Ebbe sinkt er ab.

Gefrorenes Meer

Der kleinste und kälteste Ozean der Erde ist das Nordpolarmeer. Die meiste Zeit des Jahres ist es zugefroren. Mitten auf dieser riesigen schwimmenden Eisplatte liegt der Nordpol.

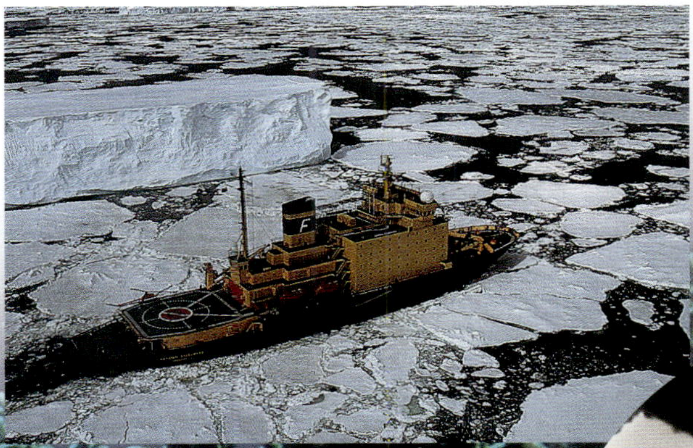

Spezielle Schiffe, die Eisbrecher, brechen Fahrrinnen durch das gefrorene Meer.

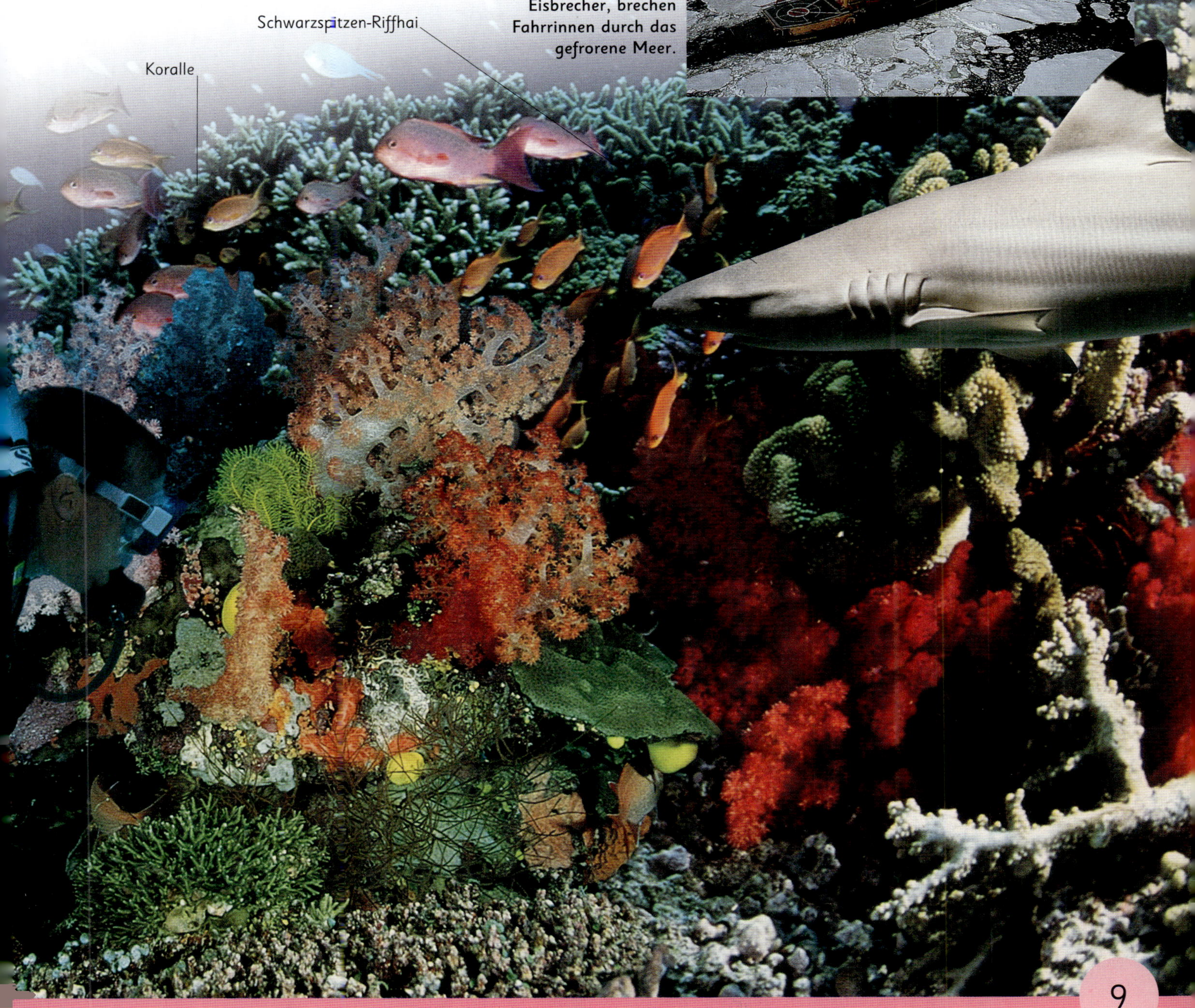
Schwarzspitzen-Riffhai
Koralle

Das Große Barriereriff vor der Nordostküste Australiens.

Wüsten

Wüsten sind die trockensten Landschaften der Erde. Manchmal regnet
es dort viele Jahre lang nicht. Tagsüber
kann es in Wüsten sehr heiß werden,
nachts wird es aber oft sehr kalt.

Wüstentiere

Die Tiere der Wüste haben sich perfekt an ihren Lebensraum
angepasst. Kamele speichern Fett in ihren Höckern und
können so tagelang ohne Wasser und Nahrung auskommen.
Das macht sie zu nützlichen Lasttieren.

Eine Kamel-Karawane durchquert die Wüste
Takla Makan in China.

Sanddünen kriechen langsam vorwärts. Gelegentlich begraber

Sand besteht aus
winzigen Steinkrümeln.

Sandwüsten

Manche Wüsten, wie die Wüste Namib
an der Westküste Afrikas, sind ganz von Sand
bedeckt. Der Wind bläst den Sand zu hohen
Bergen zusammen. Solche Sanddünen können
bis zu 200 Meter hoch werden.

Wüstenpflanzen

Wüstenpflanzen wie dieser
Saguaro-Kaktus speichern
Wasser in ihrem dicken
Stamm. Ihre Stacheln schüt-
zen sie vor hungrigen Tieren.
Diese Kakteen wachsen in
den Wüsten Amerikas.

Welche ist die größte Wüste der Erde?

Felswüsten

In diesen Wüsten ist der Boden felsig und mit Kies bedeckt. Der Wind bläst den Sand gegen die Felsen und schleift sie ab. So entstehen seltsame Formen wie diese Wüstenberge.

Diese Wüstenberge mit den abgeflachten Kuppen stehen im Monument Valley in den USA. Man nennt sie „Mitten Rocks".

sie ganze Dörfer unter sich.

Menschen der Wüsten

Einige Wüstenbewohner sind Nomaden. Sie leben in Zelten und wandern mit ihren Herden auf der Suche nach Wasser und Nahrung umher.

Wasser in der Wüste

In den Oasen dringt Wasser aus großer Tiefe an die Erdoberfläche. In ihrer Nähe wachsen viele Pflanzen, und Menschen und Tiere finden hier Trinkwasser.

Grasland

Trockene Ebenen, auf denen außer Gras nur wenig wächst, bezeichnet man als Grasland. Grasland kommt in vielen Teilen der Erde vor.

Die Karte zeigt einige der größten Grasländer der Erde.

Bäume im Grasland

Weil der Boden des Graslands sandig und dürr ist, wachsen hier nur wenige Bäume. Diese afrikanischen Baobabs speichern in ihrem Stamm Wasser. In der Trockenzeit schrumpfen sie.

Afrikanische Savanne

Viele verschiedene Tierarten leben im Grasland. Sie ernähren sich von dem Gras, das dort wächst. In der afrikanischen Savanne streifen große Zebraherden umher. Außerdem gibt es hier Impalas, Gnus, Elefanten und Giraffen.

Mehr erfahren

über Bäume
S. 68–69
Säugetiere
S. 74–75
Wetter
S. 136–137

Die Tiere des Graslands müssen oft weit laufen, um Wasserlöcher zu finden.

Wie viele verschiedene Grasarten gibt es?

Prärie

Das Grasland Nordamerikas nennt man Prärie. Große Teile der Prärie wurden zu Feldern umgewandelt, auf denen Bauern Weizen und andere Nutzpflanzen anbauen.

Weite Teile der Pampa sind mit Pampasgras bewachsen.

Pampa

Das Grasland im Süden Südamerikas nennt man Pampa. Hier leben seltsame Tiere wie Nandus (flugunfähige Vögel), Viscachas (Nagetiere, die Tunnelbaue graben) und Ameisenbären.

Weizenernte auf einem Prärie-Feld

Aasfresser

Einige Tiere des Graslands wie die Geier sind Aasfresser. Sie jagen nicht selbst, sondern halten nach toten Tieren Ausschau, von deren Überresten sie sich ernähren.

Ein Weißrückengeier hält Ausschau nach Nahrung.

Im Grasland wachsen robuste Pflanzen wie Gräser und dornige Bäume.

Impalas werden von Geparden und Schakalen gejagt.

Regenwälder

In den Regenwäldern ist die Luft immer sehr feucht. Über die Hälfte aller Pflanzen- und Tierarten der Erde kommen hier vor.

Tropische Regenwälder wachsen in der Nähe des Äquators. In diesen Regionen ist es immer sehr heiß und feucht.

NORD-AMERIKA

EUROPA

ASIEN

AFRIKA

Äquator

SÜD AMERIKA

Amazonasgebiet

AUSTRALIEN UND OZEANIEN

Die grünen Flächen zeigen die größten Regenwälder der Erde. Sie bedecken nur einen kleinen Teil der Erde, dennoch gibt es dort Tausende von Tier- und Pflanzenarten.

Stockwerke
Die Regenwälder haben Stockwerke, in denen verschiedene Pflanzen und Tiere leben.

Die **Baumkronen** der höchsten Bäume ragen über den restlichen Wald hinaus.

Das **Obergeschoss** ist wie ein cichter, grüner Schirm. Hier leben die meisten Tiere.

Im **Untergeschoss** sind die Bäume kleiner und von Schlingpflanzen bedeckt.

Auf den **Waldboden** fällt kaum Licht. Hier findet man Laub, Pilze und Farne.

Artenvielfalt
Der Regenwald steckt voller Leben. Hier kommen die verschiedensten Lebewesen vor. Es gibt Affen, Frösche und Schlangen sowie Millionen von Insekten.

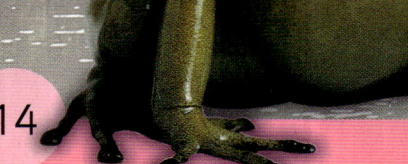

Welche sind die gefährlichsten Ameisen?

Schätze des Regenwalds

Nahrung, Holz, Heilmittel und andere nützliche Dinge verdanken wir dem Regenwald. Aus ihm stammt auch die Kakaobohne.

Mit dem Tropischen Immergrün behandelt man z. B. die Blutkrankheit Leukämie.

Größter Regenwald

Der größte Regenwald der Erde wächst im Amazonasbecken in Südamerika. Dieses Waldgebiet ist ungefähr so groß wie Australien.

Heiß und feucht

Tropische Regenwälder haben das ganze Jahr über feuchtes Klima und oft regnet es. Dieser Orang-Utan schützt sich vor dem heftigen Regen mit einem Schirm aus Blättern.

Einige Orchideen strecken ihre Wurzeln in die Luft, um Feuchtigkeit aufzunehmen.

Pflanzen

In der feuchten Luft der Regenwälder gedeihen viele Pflanzen sehr gut. Manche, wie diese bunten Orchideen, wachsen auf den Ästen hoher Bäume.

Mehr erfahren

über Pflanzen
S. 66–67
Bäume
S. 68–69
Klima
S. 138–139

Wanderameisen. Sie töten auch größere Tiere.

Flüsse und Seen

Flüsse entspringen in Quellen in den Bergen. Zuerst sind sie nur kleine Bäche. Andere Bäche münden in sie ein und lassen sie zu Flüssen werden.

Wasserfälle

Ein Fluss, der über hartes und weiches Gestein fließt, trägt das weiche Gestein ab. Das harte Gestein bildet eine Kante, über die der Fluss in die Tiefe stürzt. So entsteht ein Wasserfall.

Schnell und langsam

Im Gebirge fließt ein Fluss sehr schnell. Unten im Flachland wird er langsamer. Hier lädt er Sand und Schlamm ab, die er in den Bergen abgetragen hat. Am Ende fließt er ins Meer.

Ein Raddampfer auf dem Mississippi in den USA

Flussfahrt

Seit Tausenden von Jahren nutzen die Menschen Flüsse als Transportwege für Personen, Tiere und Waren. Sie fahren zum Beispiel mit Kanus, Lastkähnen oder Dampfschiffen wie diesem.

Flusstiere

Viele Tierarten haben sich perfekt an das Leben im Fluss angepasst.

Piranhas greifen mit ihren rasiermesser-scharfen Zähnen auch große Tiere an.

Fischotter sind mit ihrem schlanken Körper ausgezeichnete Schwimmer.

Krokodile lauern im Wasser oder am Ufer auf ihre Beute.

Ruderwanzen sind Insekten, die mit ihren Beinen übers Wasser rudern.

Dort, wo das Eis im Gebirge das Gestein ausgehöhlt hat, haben sich Seen gebildet.

Seen

Ein See ist eine große, von Land umgebene Wasserfläche. Seen entstehen, wenn Regen- oder Flusswasser Senken ausfüllt.

Die Großen Seen

Der größte Süßwassersee der Erde ist der Obere See zwischen den USA und Kanada. Mit vier anderen zusammenhängenden Seen bildet er die Gruppe der Großen Seen.

Salzige Seen

Das Wasser einiger Seen ist salzig. Das Tote Meer zwischen Israel und Jordanien enthält so viel Salz, dass man darin treiben kann ohne unterzugehen.

Das Tote Meer heißt so, weil in ihm keine Fische leben können.

Die rosa Farbe bekommen die Flamingos von ihrer Nahrung: Algen oder kleine Krebse.

Mit ihrem gebogenen Schnabel filtern Flamingos Nahrung aus dem Wasser.

Seeleben

Seen sind der Lebensraum vieler Tier- und Pflanzenarten. An den Ufern einiger afrikanischer Seen versammeln sich Hunderte von Flamingos um zu fressen und zu nisten.

Zwerg-flamingos

Mehr erfahren

über Vögel
S. 82–83
Schiffe und Boote
S. 114–115
Wasser
S. 134–135

Gebirge

Gebirge entstehen dort, wo Erdplatten aufeinanderstoßen und sich Gesteinsschichten übereinanderschieben.

Die höchsten Gebirge der Erde sind auf der Karte braun eingezeichnet.

Mount Everest

In Asien befinden sich die höchsten Gipfel der Erde. Der Mount Everest im Himalaja ist der höchste Berg von allen. Er ist 8850 Meter hoch.

Mount Everest

Leben in der Höhe

Im Gebirge ist es kalt und windig. Die Luft enthält wenig Sauerstoff. Trotzdem leben viele Menschen in den Bergen. Diese Menschen kommen aus Tibet in Zentralasien.

Der Himalaja ist die höchste Gebirgskette der Erde.

18

Was bedeutet der Name „Himalaja"?

Weiße Gefahr

Im Gebirge kommt es häufig zu Lawinen. Dabei lösen sich große Massen von Schnee oder Eis und stürzen den Hang hinunter. Die Schneemassen können Menschen und sogar ganze Dörfer verschütten.

Bergtiere

Trotz des rauen Klimas leben viele verschiedene Tiere im Gebirge.

 Das dicke Fell schützt den **Schneeleopard** vor der Kälte des Himalajas.

 Der **Brillenbär** lebt in den Anden und frisst Früchte und kleine Säugetiere.

 Der vom Aussterben bedrohte **Berggorilla** lebt in den Bergen Zentralafrikas.

 Der **Steinadler** kreist über den Gipfeln der europäischen Gebirge.

 Der **Puma** ist ein schlaues Raubtier aus Nord- und Südamerika.

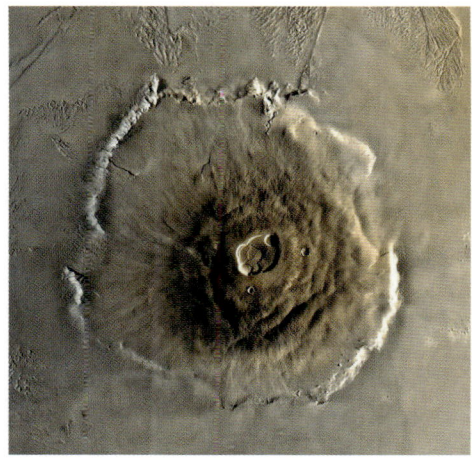

Berge auf dem Mars

Wusstest du, dass es auch auf anderen Planeten Berge gibt? Der Vulkan Olympus Mons auf dem Mars ist der größte bekannte Berg im ganzen Sonnensystem. Er ist dreimal höher als der Mount Everest!

Bei einem Sturz wird der Bergsteiger von einem starken Seil gehalten.

Die Bergschuhe geben beim Klettern Halt.

Bergsport

In den Bergen kann man wandern, klettern oder Skifahren. Bergsport ist nicht ganz ungefährlich, daher braucht man eine gute Ausrüstung.

Die Pole

Die Pole befinden sich ganz oben und ganz unten auf der Erdkugel. Sie sind die kältesten Gebiete der Erde und das ganze Jahr von Eis bedeckt.

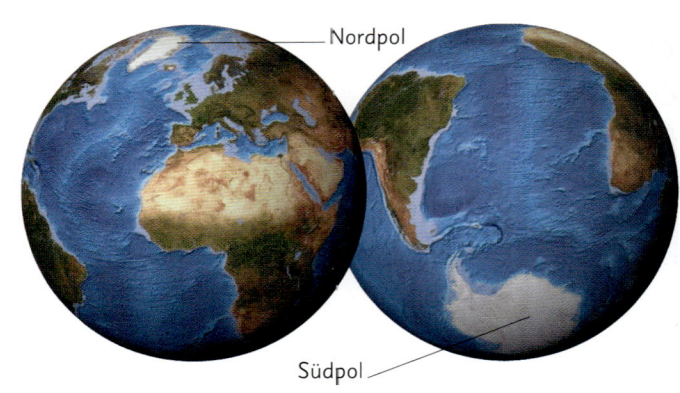

Der Nordpol befindet sich ganz oben auf der Erdkugel, der Südpol ganz unten.

Arktis

Das Gebiet rund um den Nordpol nennt man Arktis. Der Nordpol liegt mitten im Nordpolarmeer, das fast das ganze Jahr über zugefroren ist.

Eisbären nutzen oft Eisschollen, um Entfernungen zu überwinden.

Die Tundra

Die Tundra ist eine Landschaft rings um die Arktis, in der keine Bäume wachsen. Im Winter ist der Boden gefroren, im Sommer taut er auf. Hier grasen viele Rentiere.

Menschen der Arktis

Seit Jahrtausenden leben in der Arktis auch Menschen. Sie haben gelernt mit der extremen Kälte umzugehen. Diese Inuitkinder tragen warme Wintersachen.

Heute fahren die Bewohner der Arktis oft mit Motorschlitten über Eis und Schnee.

Pinguine kommen nicht nur in der Antarktis vor, sondern wo noch?

Antarktis

Die Region rund um den Südpol wird Antarktis genannt. Den Kontinent selbst nennt man Antarktika. Er ist größer als Europa und von einer dicken Eisschicht bedeckt.

Die Erforschung der Antarktis

Trotz der Kälte arbeiten in der Antarktis Tausende von Wissenschaftlern. Sie leben in Forschungsstationen wie dieser und beobachten und untersuchen das Eis, die Tiere und das Wetter.

Berge der Antarktis

Tiere der Antarktis

In der Antarktis leben viele faszinierende Tiere. Durch das Gefieder der Kaiserpinguine dringen weder Wind noch Wasser. Die dicke Fettschicht darunter hält die Tiere warm.

Die Jungen der Kaiserpinguine schlüpfen mitten im Winter.

Mehr erfahren

über Kleidung
S. 38–39
unseren Planeten
S. 124–125
Wasser
S. 134–135

An den Küsten Südamerikas, Afrikas, Australiens und Neuseelands.

Das Empire State Building ist New Yorks berühmtester Wolkenkratzer.

Große Städte

In den Großstädten der Erde leben und arbeiten Millionen von Menschen. Viele besuchen die Städte auch als Touristen.

Rio de Janeiro

Rio ist die zweitgrößte Stadt Brasiliens. Sie ist bekannt für ihre Strände und die riesige Christusstatue. Rio ist eine Stadt voller Gegensätze. Gleich neben den Häusern reicher Menschen findet man oft Armutsviertel.

Paris

Paris ist die Hauptstadt Frankreichs. Der Eiffelturm ist das Wahrzeichen der Stadt. Außerdem ist Paris berühmt für seine Museen, Restaurants und Cafés.

Der Tower von London

Von den drei Aussichtsplattformen des Eiffelturms aus kann man die ganze Stadt sehen.

London

London ist die Hauptstadt Großbritanniens und einer der wichtigsten Handelsplätze der Erde. In London stehen viele berühmte Schlösser, Kirchen und Brücken. Im Tower von London werden die Kronjuwelen sicher aufbewahrt.

New York

New York ist die größte Stadt der USA. Sie ist für ihre gelben Taxis, riesigen Wolkenkratzer und die Freiheitsstatue im Hafen berühmt.

Wie heißt die Hauptstadt Russlands?

Hauptstädte

Die Stadt, in der die Regierung eines Lands ihren Sitz hat, nennt man Hauptstadt. Diese hier halten Rekorde:

 **Tokio** in Japan ist die größte Hauptstadt: Mehr als 37 Millionen Menschen leben hier.

 **Damaskus** in Syrien ist die älteste Hauptstadt: Hier wohnen seit 2500 Jahren Menschen.

 **Lhasa** in Tibet liegt auf 3684 Meter Höhe und ist die am höchsten gelegene Hauptstadt.

 **Reykjavik** in Island ist die nördlichste Hauptstadt der Erde.

 **Wellington** in Neuseeland ist die südlichste Hauptstadt der Erde.

Schanghai

Schanghai ist eine der größten Städte Chinas. Die Industriestadt hat den größten Hafen der Welt. In Schanghai werden vor allem Stahl und Schiffe hergestellt.

Kairo

Kairo ist die Hauptstadt Ägyptens. In der Altstadt gibt es große Märkte, die Basare. Etwa 15 Kilometer vom Stadtzentrum entfernt stehen die berühmten Pyramiden.

Vor etwa 4500 Jahren erbauten die alten Ägypter die Pyramiden.

Das Opernhaus von Sydney

Sydney

Sydney ist Australiens größte und älteste Stadt. Das Opernhaus am Hafen ist wegen seiner Form weltberühmt. Im Jahr 2000 fanden die Olympischen Spiele in Sydney statt.

Mehr erfahren
über die Weltkarte
S. 4–5
das alte Ägypten
S. 48–49
Technik
S. 116–117

Die Menschen

Auf der Erde leben über sieben Milliarden Menschen. Sie haben unterschiedliche Bräuche, Traditionen, Sprachen und Religionen.

So wie dieses Mädchen feiern in Europa viele Menschen den Ersten Mai.

Menschen und Sprache

In China leben die meisten Menschen. Chinesisch ist die am zweithäufigsten gesprochene Sprache. Sie hat viele Dialekte, aber die meisten Chinesen sprechen Mandarin.

Kunst und Kultur

Kunst und Kultur sind im Leben der Menschen wichtig.

 Mit der **Schrift** halten wir Wissen, Nachrichten und Geschichten fest.

 Das **Theater** unterhält das Publikum mit Spiel, Tanz und Kostümen.

 Durch die **Malerei** drücken Künstler Ideen und Gefühle in Bildern aus.

 **Mode** ist überall auf der Erde anders und verändert sich ständig.

 In der **Musik** gibt es verschiedene Stile – von klassisch bis modern.

Der Erste Mai wird als Beginn des Frühlings nach dem langen, kalten Winter gefeiert.

Beruf

Überall gehen die Menschen zur Arbeit, um ihren Lebensunterhalt zu verdienen. Was willst du einmal werden? Astronaut oder Lehrer, Landwirt oder Programmierer?

Freizeit

Es ist wichtig, neben der Arbeit auch Freizeit zu haben. Viele Leute treiben Sport oder sehen bei Wettkämpfen zu. Kinder spielen am liebsten einfach mit ihren Freunden.

Feste und Feiern

Besondere Ereignisse im Leben der Menschen werden überall auf der Erde gefeiert. Ein Fest kann eine Mahlzeit mit Freunden sein oder auch eine religiöse Zeremonie.

In Indien schenkt man sich bei manchen Festen Süßigkeiten.

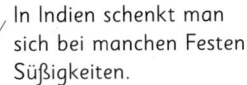

Was bin ich?

Suche auf den Seiten „Menschen und Kultur" die Fotos, aus denen diese Ausschnitte stammen.

Mehr erfahren

über die Weltkarte
S. 4–5
Weltgeschichte
S. 44–45
unseren Körper
S. 88–89

Englisch sprechen etwa 1,5 Milliarden Menschen.

Große Religionen

Eine Religion zu haben bedeutet, an etwas zu glauben und nach festen Regeln zu leben. Die wichtigsten Religionen der heutigen Zeit findest du auf dieser Seite.

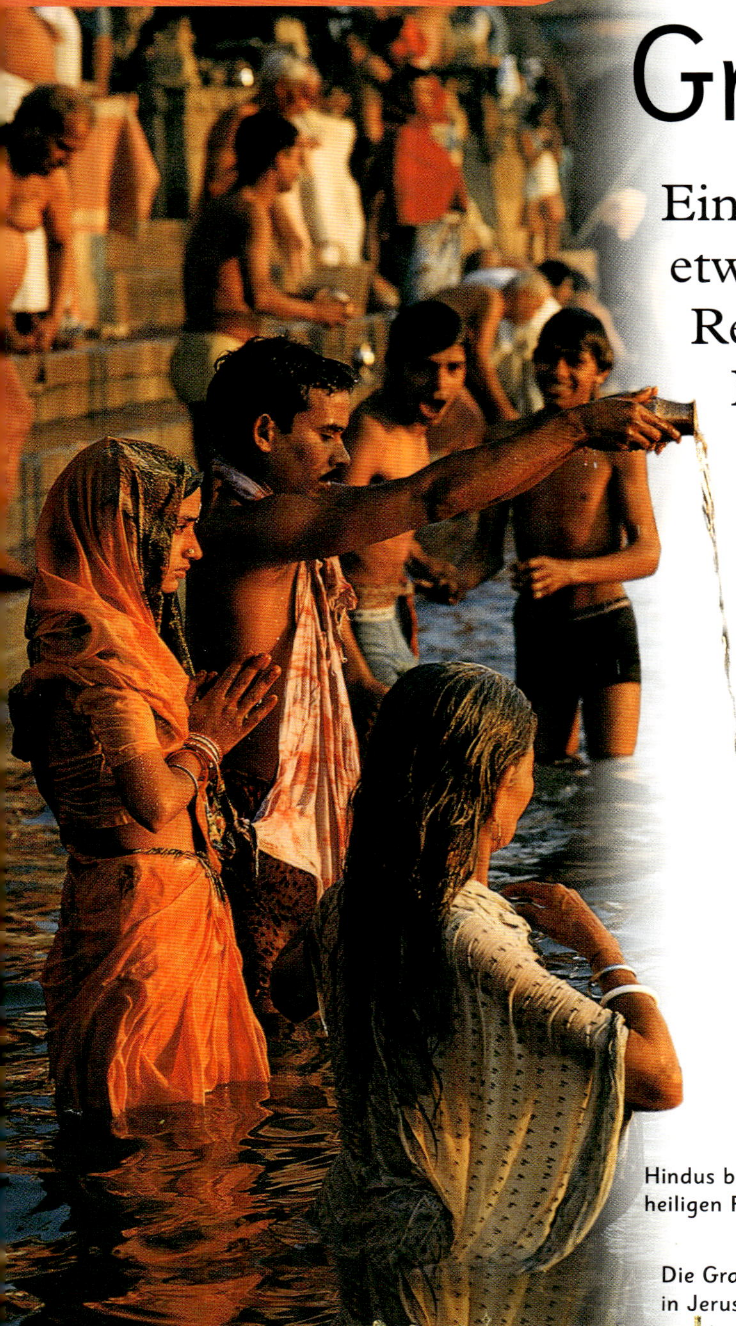

Hindus beim Bad im heiligen Fluss Ganges

Hinduismus

Der Hinduismus entstand vor 4000 Jahren in Indien. Hindus glauben an Brahman, das höchste Wesen. Sie verehren verschiedene Göttinnen und Götter, die Teil von Brahman sind.

Heilige Symbole

Diese Zeichen haben besondere Bedeutung:

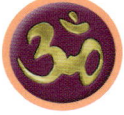

Im **Hinduismus** steht das heilige „Om“-Symbol für das Brahman.

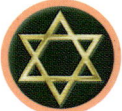

Im **Judentum** erinnert der Davidstern an den jüdischen König David.

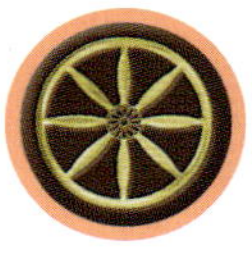

Im **Buddhismus** steht das Rad für die acht Grundsätze der Lehre Buddhas.

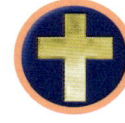

Im **Christentum** erinnert das Kreuz an die Kreuzigung Jesus.

Das Symbol des **Islam** ist die Mondsichel und der Stern.

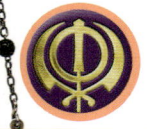

Im **Sikhismus** erinnert das „Khanda“-Symbol an Gott und seine Macht.

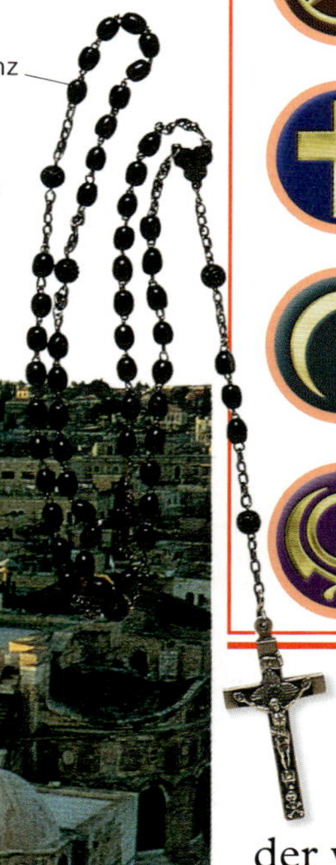

Rosenkranz

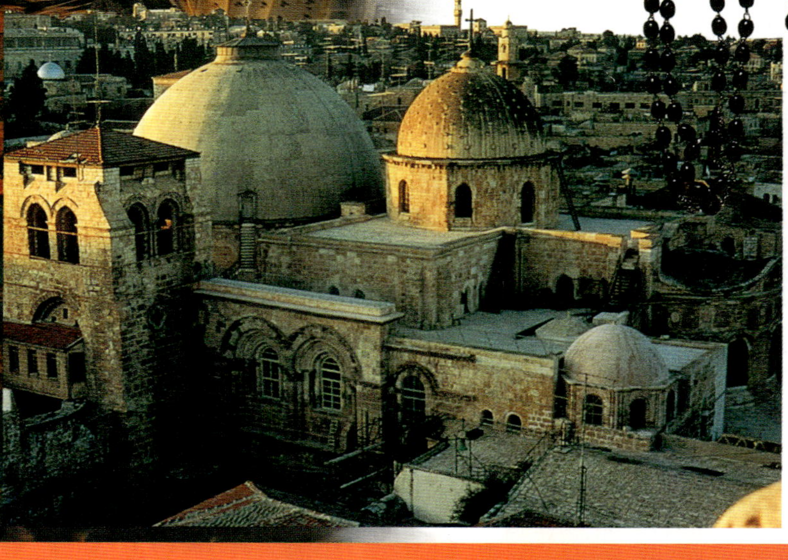

Die Grabeskirche in Jerusalem

Christentum

Christen folgen der Lehre eines Mannes namens Jesus, der vor 2000 Jahren gelebt hat. Sie glauben, Jesus sei der Sohn Gottes, der starb, um sie von ihren Sünden zu erlösen.

Wie heißt das heilige Buch des Christentums?

Dieser buddhistische Tempel steht in Thailand.

Islam

Die Anhänger des Islam nennt man Muslime. Sie glauben an den Gott Allah, der sie durchs Leben führt. Der Koran ist das heilige Buch des Islam. Es enthält das Wort Gottes, das dem Propheten Mohammed offenbart worden ist.

Mekka ist die heilige Stadt der Muslime.

Klagemauer

Die Klagemauer in Jerusalem ist für Juden ein heiliger Ort.

Buddhismus

Buddhisten folgen der Lehre Buddhas, der vor 2500 Jahren in Indien gelebt hat. Er zeigte den Menschen, wie sie ein gutes und friedvolles Leben führen können.

Statuen stellen Buddha häufig bei der Meditation dar.

Judentum

Das Judentum ist die Religion der Juden. Ihr heiliges Buch ist die Thora. Sie erzählt die Geschichte des jüdischen Volks und seiner Beziehung zu Gott.

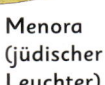

Menora (jüdischer Leuchter)

Mehr erfahren

über Kunst
S. 32–33
das alte Ägypten
S. 48–49
die Wikinger
S. 54–55

Der Goldene Tempel in Amritsar in Indien ist den Sikhs heilig.

Sikhismus

Die Religion der Sikhs wurde in Indien von Guru Nanak begründet. Sikhs beten in einem Gebäude namens Gurdwara. Ihr heiliges Buch heißt Guru Granth Sahib.

Die Bibel.

Leben mit Religion

In jeder Religion verehren die Menschen einen oder mehrere Götter. Sie versammeln sich zum Beten und feiern Feste zu besonderen Ereignissen.

Statue des Buddha

Islam
Muslime beten immer in Richtung Mekka. Sie beten fünfmal am Tag: bei Sonnenaufgang, am Mittag, am Nachmittag, bei Sonnenuntergang und in der Nacht.

Buddhismus
Buddhisten verehren keinen Gott, sondern sie ehren das Leben und die Lehre Buddhas, der ihre Religion begründet hat. Im Tempel erweisen sie ihm mit Blüten, Kerzen und Weihrauch Respekt.

In manchen buddhistischen Ländern verbringen die Jungen einige Zeit als Mönche.

Was ist eine Moschee?

In einer Synagoge hören Juden bei Lesungen aus der heiligen Thora zu.

Thorarolle

Silberner Zeigestab

Judentum

Gläubige des Judentums versammeln sich in einem Gebäude, das Synagoge heißt. Der Gottesdienst wird von einem Gelehrten, einem Rabbiner, geleitet.

Turban

Kleiner Dolch

Armreif aus Eisen

Dies ist der elefantenköpfige Gott Ganescha.

Hinduismus

Hindus verehren ihre Göttinnen und Götter bei sich zu Hause oder in öffentlichen Tempeln. Der Elefantengott Ganescha soll Glück und Erfolg bringen.

Sikhismus

Sikhs schneiden ihr Haar nie. Traditionell tragen die Männer einen Turban und haben einen Holzkamm, einen kleinen Dolch und einen Armreif aus Eisen bei sich.

Christentum

Zur Erinnerung an die Geburt Jesu feiern Christen Weihnachten. In den Kirchen finden Gottesdienste statt und die Menschen machen sich gegenseitig Geschenke.

Jesus wurde in einem Stall in Bethlehem geboren. Drei Könige besuchten ihn und brachten Geschenke.

Josef

Diese Kinder stellen die Geschichte der ersten Weihnacht dar.

Heilige Drei Könige

Jesus

Maria

Schreiben und Drucken

Vor ungefähr 5500 Jahren begannen
Menschen zu schreiben. Davor wurden
Informationen und Geschichten
mündlich weitergegeben.
Heute gehört Schreiben
zum Alltag.

Schreibfedern
in einem Tinten-
fass und eine
Papyrusrolle

Das Alphabet

Füllfederhalter
schreiben mit
Tinte.

Papier und Federn

Das Papier heute ist aus Holzfasern.
Früher stellte man Papier aus Papyrus
oder Tierhäuten her. Die ersten Federn
waren aus Schilf. Man tunkte sie in
Tinte oder Ruß, um zu schreiben.

Zeichen und Symbole

Zeichen und Symbole
benutzen wir, um
Buchstaben und Wörter
zu schreiben.

Piktogramme sind Bild-
zeichen. Dieses chinesische
Zeichen bedeutet „verkaufen".

Hieroglyphen wurden im
alten Ägypten verwendet.
Das hier bedeutet „Küken".

Runen waren Symbole, die
Wikinger in Stein oder Holz
ritzten. Hier der „M"-Laut.

Noten sind eine Musik-
schrift, mit der man
Melodien aufschreibt.

Das **Morsealphabet** drückt
Buchstaben durch kurze und
lange Signale aus.

Schreibmaschinen

Die erste Schreibmaschine
wurde vor 200 Jahren erfunden.
Sie machte schnelleres Schreiben
möglich. Heute verwendet man
Computer wie diesen Laptop.

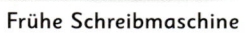

Frühe Schreibmaschine   Laptop

Wie lange dauerte es, dieses Buch zu machen?

Bücher drucken

Früher schrieb man Bücher mit der Hand. Das war jedoch sehr aufwendig und teuer. Die ersten Druckerpressen verwendete man vor 600 Jahren. Bücher zu drucken ging nun viel schneller und war billiger als abschreiben.

Alte Druckerpresse aus Holz

Die einzelnen Teile der Druckerpresse wurden von Hand gefertigt.

Mehr erfahren
über das alte Ägypten
S. 48–49
die Wikinger
S. 54–55
Computer
S. 118–119

Diese Maschine sortiert die bedruckten Blätter.

Nachrichten drucken

In der Zeit der alten Römer schrieb man Zeitungen von Hand. Sie enthielten Neuigkeiten über Schlachten und Gladiatorenkämpfe. Heute drucken große Rotationspressen jeden Tag Millionen von Büchern, Zeitungen und Zeitschriften.

Zeitschriften erscheinen regelmäßig und enthalten die unterschiedlichsten Themen.

Eine Rotationspresse druckt pro Stunde über 75 000 Zeitungen.

Ungefähr ein Jahr.

Kunst und Architektur

Seit der Frühzeit malen Menschen Bilder und fertigen Skulpturen aus Stein und Holz an. Architekten entwerfen Gebäude.

Höhlenmalerei
Die Menschen der Frühzeit malten Figuren und Tiere auf Höhlenwände. Diese Höhlenmalerei stammt aus Afrika.

Kirchenmalerei
Der italienische Maler Michelangelo bemalte Decke und Wände der Sixtinischen Kapelle in Rom mit Bibelszenen.

Moderne Bildhauer
Der britische Künstler Henry Moore schuf ungewöhnliche Skulpturen, die man sogar anfassen kann.

Die Innenstadt von Singapur

32

Architektur

Alle Gebäude werden von Architekten entworfen. Die Baustile veränderten sich im Lauf der Zeit. Gebäude können zum Wohnen, Arbeiten, Beten oder nur als Zierde gedacht sein.

Burgen schützten ihre Bewohner vor Angreifern. Diese Burg steht in Spanien.

Der Tadsch Mahal

Der indische Herrscher Shah Jahan ließ diesen Tempel vor über 300 Jahren zum Gedenken an seine verstorbene Frau errichten. Er ist aus weißem Marmor gebaut.

Bildende Kunst

Mithilfe der bildenden Künste stellen Menschen eine Szene dar oder drücken ihre Ideen aus.

 Eine **Zeichnung** besteht meist aus einfachen Strichen und Linien.

 In der **Malerei** wird mit Wasser- oder Ölfarben auf Papier oder Leinwand gemalt.

 In der **Bildhauerei** werden Skulpturen aus Stein, Holz oder Metall hergestellt.

 Durch **Fotografie** können Personen, Dinge und Orte genau abgebildet werden.

 **Grafikdesign** bezeichnet die Gestaltung von Wörtern und Bildern am Computer.

In Singapur stehen viele moderne Wolkenkratzer

Das Opernhaus

Das Opernhaus von Sydney in Australien ist ein modernes Bauwerk. Die einzelnen Teile des Dachs sollen wie die Segel der Schiffe im nahen Hafen aussehen.

Mehr erfahren

über große Städte
S. 22–23
die Griechen
S. 50–51
Technik
S. 116–117

Der Burj Khalifa in Dubai. Er ist 828 Meter hoch.

Musik

Hast du ein Lieblingslied?
Magst du klassische Musik,
Jazz, Volksmusik, Rock oder Pop?
Mit einem Instrument kannst du
deine eigene Musik machen.

Dirigent

Das Orchester
Eine große Gruppe von Musikern,
die gemeinsam spielen, nennt
man Orchester. In einem Sinfonie-
orchester arbeiten etwa 90 Musiker.
Der Dirigent achtet darauf, dass
alle im Takt bleiben.

Trommeln und Becken
sind Schlaginstrumente.

Becken

Trommel

Musikinstrumente
In einem Orchester werden
vier Arten von Instrumenten
gespielt: Blech- und Holzblas-
instrumente sowie Schlag- und
Saiteninstrumente. Jedes hat
seinen eigenen Klang,
der sich mit den
anderen vermischt.

Flöte

Welche Art von Instrument ist ein Xylofon?

Musik aufnehmen

In einem Aufnahmestudio werden jede Stimme und jedes Instrument einzeln aufgenommen und dann von Toningenieuren gemischt.

Mit den Knöpfen auf dem Mischpult stellt man die Lautstärke und den Klang der Aufnahmen ein.

Musikrichtungen

Auf der Welt werden viele verschiedene Musikrichtungen gespielt.

In der **Frühzeit** bestanden Instrumente vermutlich aus Tierknochen und Holz.

Eine **Oper** ist Musiktheater. Die Darsteller singen, anstatt zu sprechen.

Jazzmusiker denken sich die Musik beim Spielen oft frei aus.

Rockmusik hat einen harten Rhythmus und oft ausdrucksstarke Texte.

„**Pop**" bedeutet populäre, also beliebte Musik, zu der man gut tanzen kann.

Madonna ist eine der erfolgreichsten Popsängerinnen aller Zeiten.

Schallplatte

CDs

MiniDisc   Kassette

Um Musik zu hören, kann man Schallplatten, CDs, Kassetten, MiniDiscs oder Mp3s abspielen.

Viele Rock- und Popmusiker spielen elektrische Gitarre.

Konzerte

Es ist aufregend, seinen Lieblingsstar auf der Bühne zu sehen. An einem Konzert arbeiten außer den Musikern auch noch viele andere Leute hinter den Kulissen mit.

Cello

Waldhorn

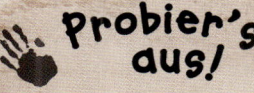

probier's aus!

Wärst du gern ein Popstar? Schreibe selbst einen Text und überlege dir eine passende Melodie dazu.

Klaviertastatur

Ein Schlaginstrument.

Theater und Tanz

Das Theater entstand vor Tausenden von Jahren in Griechenland. Die Darsteller sollen das Publikum unterhalten oder zum Nachdenken bringen.

Schauspieler

Ein Stück aufzuführen macht viel Arbeit. Zuerst muss der Autor das Stück schreiben. Dann üben die Schauspieler ihre Rollen ein. Dabei müssen sie sich oft viel Text merken.

Um die Figuren des Stücks darzustellen, setzen Schauspieler Stimme und Körper ein.

Diese Schauspieler stellen Romeo und Julia dar.

An den Kostümen kann man erkennen, wo und in welcher Zeit das Stück spielt.

Musicals

Musicals sind sehr beliebt. Sie bieten eine aufregende Mischung aus Schauspiel, Tanz und Musik. Dies ist eine Szene aus dem Musical *Oliver!*

Wer schrieb das Stück *Romeo und Julia?*

Japanisches Theater

Diese Schauspieler führen eine alte japanische Theaterform auf, die man Kabuki nennt. Aus Schauspielerei, bunten Kostümen, Musik und Tanz entsteht ein mitreißendes Spektakel.

Tanzformen

Auf der ganzen Erde gibt es viele verschiedene Tanzformen und Tanzstile.

Stepptänzer tragen Schuhe mit Metallbeschlägen, die laut klappern.

Ballett ist ein klassischer Tanz mit eleganten Bewegungen.

Volkstänze aus aller Welt sind oft sehr lebhaft und lustig.

Flamenco ist ein dramatischer spanischer Tanz mit klappernden Kastagnetten.

Jazztanz ist ein ausdrucksstarker Tanz zu den Rhythmen von Jazzmusik.

Indischer Tanz

Beim Tanzen kann man durch Musik und Bewegung eine Geschichte erzählen oder ein Gefühl ausdrücken. Dieser indische Tanz besteht aus besonderen Tanzfiguren.

Puppentheater

Das Puppentheater ist eine sehr alte Theaterform. Handpuppen sind am einfachsten zu bewegen. Schwieriger ist es bei Marionetten an Fäden oder Schattenspielpuppen an Stäben.

Kasper und Gretel sind die Stars der Puppenbühne.

Kasper

Gretel

Mehr erfahren

über Musik
S. 34–35
die Griechen
S. 50–51
Fernsehen
S. 120–121

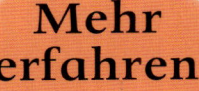

William Shakespeare.

Kleidung und Mode

Was hast du heute an? Ein Hemd? Turnschuhe? Wir tragen Kleidung, die uns passt und gut gefällt. Sie kann aber auch besondere Aufgaben erfüllen.

Stoffarten
Kleidung ist aus verschiedenen Materialien.

Baumwolle besteht aus Pflanzenfasern. Ihr Garn wird zu Stoff verwoben.

Seide ist ein feiner Stoff aus den Fäden der Seidenraupe.

Leder wird aus der Haut von Rindern, Ziegen und Schafen hergestellt.

Wolle ist das Fell der Schafe. Das Garn wird gestrickt oder verwoben.

Nylon und andere **Kunstfasern** stellt man aus chemischen Stoffen her.

Dieser Junge aus Vietnam trägt Freizeitkleidung.

Dieses indische Mädchen trägt einen Sari.

Regenmantel, Gummistiefel und ein Schirm schützen bei Regen.

Dieses französische Mädchen trägt eine Schuluniform.

Was ziehst du an?
Was wir anziehen, hängt vom Wetter ab und davon, was wir vorhaben. Es gibt Kleidung für kaltes oder warmes Wetter, feine Kleidung zum Ausgehen oder lässige Sportkleidung.

Was ist ein Zylinder?

Modenschauen

Es gibt Leute, die neue, oft ungewöhnliche Kleidung entwerfen. Man nennt sie Modeschöpfer. Sie stellen ihre Modelle auf Modenschauen vor.

Gegen die Kälte

In kalten Regionen stellten die Menschen früher Kleidung aus Pelz und Leder her. Heute nimmt man häufig Kleidung aus Kunstfaser.

Uniformen

Manche Leute müssen bei der Arbeit besondere Kleidung tragen. Man nennt sie Berufskleidung oder Uniform. Dieser Anzug schützt den Feuerwehrmann vor Hitze und Feuer.

Dieses Massaimädchen aus Tansania trägt die bunte Tracht ihres Volks.

Kinder aus der Arktis tragen im Winter dicke pelzgefütterte Kleidung.

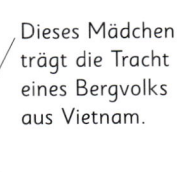

Dieses Mädchen trägt die Tracht eines Bergvolks aus Vietnam.

Früher trugen Japanerinnen Kimonos wie diesen.

Nationaltracht

Die traditionelle Kleidung, die von einem Volk getragen wird, nennt man Tracht. Heute trägt man sie in vielen Ländern nur noch zu besonderen Gelegenheiten.

Ein eleganter schwarzer Hut.

Sport und Freizeit

Egal ob Kino, Sport oder Spiele – es gibt viele verschiedene Arten seine Freizeit zu verbringen. Was machst du in deiner Freizeit am liebsten?

Publikumssportarten

Eine Publikumssportart ist ein Sport, bei dem viele Menschen gern zusehen. Fußball, Handball und Basketball gehören zu den beliebtesten Sportarten der Welt.

Snowboarder tragen warme, weite Kleidung.

Snowboarder vollführen akrobatische Sprünge.

Eine Plastikbindung hält das Board am Schuh.

Sport im Freien

Snowboarden, Klettern, Skifahren und Segeln sind Sportarten, die man im Freien betreibt und die eine besondere Ausrüstung erfordern.

Mannschaftssport

Bei diesen Publikums-sportarten treten zwei Mannschaften an.

Beim **Baseball** werden Punkte durch Schlagen und Fangen eines kleinen Balls erzielt.

Beim **Basketball** muss der Ball in den Korb der anderen Mannschaft geworfen werden.

Beim **Fußball** müssen die Spieler den Ball ins Tor des Gegners schießen.

Beim **Eishockey** muss der Puck mit einem Schläger ins Tor befördert werden.

Beim **Rugby** muss der Ball über eine Line getragen oder durch zwei Stangen gekickt werden.

Bei welchem Sport spielt man den Ball mit den Händen über ein Netz?

Gamepad einer
Spielkonsole

Ein Modellboot
mit Motor

Computerspiele

Computerspiele spielt man mit
einer Spielkonsole, die an ein
Fernsehgerät angeschlossen
ist, oder auf einem Computer.
Das Spiel steuert man mit
einem Lenkrad, Joystick oder
Gamepad.

Schach spielt
man mit
Figuren auf
einem Brett.

Spiele und Spielzeug

Kinder spielen mit Puppen,
Baukästen oder Modellautos.
Bei manchen Brettspielen
ist Gewinnen Glückssache.
Bei anderen, wie
beim Schach,
muss man gut
überlegen.

Spielkarten

Wettkampfsport

Bei diesen Sportarten
treten einzelne Athleten
gegeneinander an.

Beim **Tennis** muss der Ball
mit einem Schläger im Feld
gehalten werden.

Beim **Schwimmen**
gibt es verschiedene
Stile wie Brust- oder
Kraulschwimmen.

Beim **Golf** muss der Ball
mit möglichst wenigen
Schlägen in ein Loch
gespielt werden.

Beim **Laufen** rennt man
im Stadion oder auf der
Straße um die Wette.

Beim **Tischtennis** spielen
zwei Spieler einander den
Ball über einen Tisch zu.

Puppe

Ins Kino gehen

Wenn ein neuer Film gedreht worden ist,
wird er zuerst auf der großen Leinwand
im Kino gezeigt. Computeranimation und
Spezialeffekte sieht man heute in vielen Filmen.

Arbeit und Beruf

Überall auf der Erde arbeiten Menschen in den verschiedensten Berufen. Sie verdienen Geld, um Lebensmittel, Kleidung und eine Wohnung bezahlen zu können.

Astronauten

Astronauten arbeiten im Weltraum. Sie fliegen Raumfahrzeuge oder führen Experimente in Raumstationen durch. Oft verbringen sie dazu mehrere Monate im Weltall.

Marktverkäufer

In fast jeder Stadt gibt es einen oder mehrere Märkte. Dieser Mann verkauft an seinem Marktstand in Kairo in Ägypten frisches Obst und Gemüse.

Wie nennt man jemanden, der sein Geld verdient, indem er Bücher schreibt?

Diese Tierärztin untersucht einen Hund.

Ein Ochse zieht den Pflug durch das Reisfeld.

Tierärzte

Ein Tierarzt behandelt Krankheiten oder versorgt Verletzungen von Tieren. Einige Tierärzte versorgen kleine Haustiere, andere arbeiten auf Bauernhöfen oder in Zoos.

Bauern

Auf der ganzen Erde betreiben Bauern Ackerbau und Viehzucht. Was sie nicht selbst verbrauchen, verkaufen sie auf dem Markt. Dieser Bauer pflügt sein Reisfeld in Thailand.

Diese Lehrerin hilft den Kindern lesen zu lernen.

Lehrerin

Lehrer

Lehrer bringen den Schülern lesen, schreiben, rechnen und vieles mehr bei. Bevor sie Kinder unterrichten dürfen, müssen sie selbst viele Jahre an einer Universität gelernt haben.

Diese Ingenieure bauen einen Teil eines Kraftwerks.

Schüler

Ingenieure

Ingenieure sind Leute, die Autos, Flugzeuge oder Maschinen entwerfen und bauen. Um Ingenieur zu werden, muss man gut in Naturwissenschaften wie Physik und Mathematik sein.

Schriftsteller oder Autor.

Weltgeschichte

Aus der Geschichte wissen wir, wie die Menschen früher gelebt haben. Das, was aus ihrer Zeit übrig geblieben ist, hilft uns dabei, uns ihren Alltag und ihren Glauben vorzustellen.

Massives Gold

Die blauen Schmucksteine heißen Lapislazuli.

Die Mumienmaske des ägyptischen Pharaos Tutanchamun

Frühe Menschen

Vor ungefähr 10 000 Jahren begannen Menschen sich an festen Orten niederzulassen. Sie bauten Pflanzen an und hielten sich Tiere. Aus diesen Siedlungen entwickelten sich die ersten Städte.

Mächtige Könige

Über viele große Kulturen herrschten mächtige Könige. Im alten Ägypten nannte man die Könige Pharaonen. Ihre Untertanen verehrten sie wie Götter.

Frühe Bauern schnitten die Getreidehalme mit einer Sichel aus Feuerstein, die einen Holzgriff hatte.

Spanische Galeone

Wo lebten die Azteken, Inka und Maya?

Griechen und Römer

Vor etwa 2500 Jahren hatte die griechische Zivilisation ihre Blütezeit. Später wurde sie von den Römern abgelöst, die um 27 v. Chr. über ein großes Reich herrschten.

Die Akropolis in Athen (Griechenland)

Entdecker

Schon vor Jahrhunderten reisten Entdecker rund um die Erde. Sie waren auf der Suche nach Handelswaren, neuen Ländern oder Abenteuern.

Diese Münzen wurden von europäischen Eroberern aus erbeutetem Gold geprägt.

Heute erkunden die Menschen das All.

Der Flug der *Columbia* 1981 war der erste Flug einer Raumfähre.

Das 20. Jahrhundert

Im 20. Jahrhundert gab es viele Erfindungen und Entdeckungen. Menschen flogen erstmals in den Weltraum und gingen sogar auf dem Mond spazieren.

Was bin ich?

Suche auf den Seiten „Geschichte" die Fotos, aus denen diese Ausschnitte stammen.

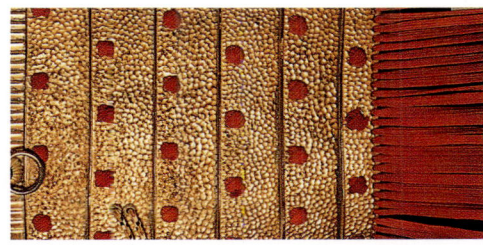

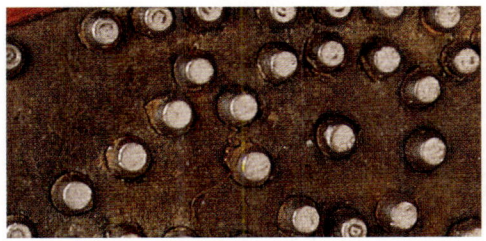

Mehr erfahren

über das alte Ägypten
S. 48–49
Entdecker
S. 60–61
Raumfahrt
S. 152–153

Frühzeit

Vom Affen zum Menschen

Schädel von *Homo habilis*

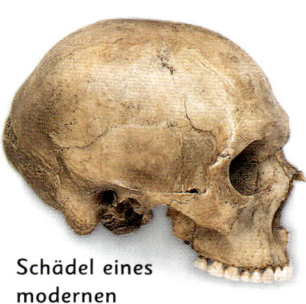

Neanderthaler-Schädel

Unsere Vorfahren sahen den Affen ähnlich. Mit der Zeit wurden sie immer menschlicher und begannen aufrecht auf zwei Beinen zu laufen.

Die ersten Menschen lebten vor vier Millionen Jahren. Wir wissen nicht genau, wie sie ausgesehen haben, aber wir wissen, wie sie gelebt haben.

Höhlenleben

Die frühen Menschen nutzten oft Höhlen als Unterschlupf. Heute findet man in solchen Höhlen noch alte Höhlenmalereien. Sie zeigen vor allem Bilder von der Jagd.

Schädel eines modernen Menschen

Die ersten Bauern

Bis vor 10 000 Jahren zogen die Menschen auf der Suche nach Nahrung umher. Als sie lernten Pflanzen anzubauen, ließen sie sich nieder. Die ersten Bauern hielten auch Tiere.

Ägyptisches Beil aus Feuerstein

Feuerstein

Feuer

Werkzeug und Feuer

Die Menschen lernten Feuer zu machen und Werkzeuge herzustellen. Die ersten Werkzeuge waren behauene, scharfkantige Steinbrocken. Sie entstanden vor etwa 2,6 Millionen Jahren.

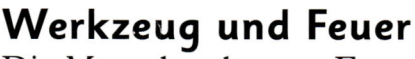

Diese Frau zerreibt Getreide zwischen Steinen, um Mehl für Brot zu mahlen.

Die ersten Städte

Als die Menschen lernten ihre Nahrung selbst zu erzeugen, brauchten sie nicht mehr umherzuziehen. Sie begannen Häuser, Dörfer und Städte zu bauen. Eine der ersten Städte war Jericho in Jordanien.

Jäger und Sammler

Die frühen Menschen jagten Mammuts, Höhlenbären, Rentiere und anderes Wild. Sie sammelten auch Früchte, Nüsse und Wurzeln und fingen Fische.

Frühe Erfindungen

Einige Dinge gehörten schon früh zum Alltag der Menschen:

Hunde wurden schon vor etwa 14 000 Jahren gezähmt und halfen den Menschen bei der Jagd.

Vor 10 000 Jahren wurden die ersten **Metallwerkzeuge** aus Kupfer hergestellt.

Die ersten **Tonkrüge** wurden vor 10 000 Jahren in Japan getöpfert und zum Kochen verwendet.

Mehr erfahren

über große Städte
S. 22–23
Gesteine
S. 128–129

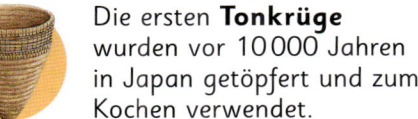

Die Jagd auf Mammuts war gefährlich.

Das Fleisch eines einzigen Mammuts reichte einen Winter lang für eine Familie.

Die Jäger töteten die Mammuts mit Holzspeeren.

Indem sie Hölzer oder Steine gegeneinander schlugen.

Das alte Ägypten

Die alten Ägypter lebten vor etwa 3500 Jahren an den Ufern des Flusses Nil. Ihre mächtigen Herrscher nennt man Pharaonen.

Mumie mit Grabschmuck

Die Pyramiden

Die alten Ägypter glaubten an ein Weiterleben nach dem Tod. Die Pharaonen ließen sich deshalb große Grabmäler bauen: die Pyramiden.

Mumie einer Katze

Baukunst

Die ägyptischen Baumeister hatten keine Bagger und Kräne. Die großen Steinblöcke wurden gezogen, über Baumstämme gerollt, oder getragen wie von diesen Männern.

Mumien

Der Körper der Reichen wurden nach dem Tod einbalsamiert. Einige Organe wurden entfernt. Die Leiche wurde in Salz gelegt und danach mit Stoffstreifen umwickelt.

probier's aus!

Schreibe mit ägyptischen Hieroglyphen eine Nachricht. Du kannst auch deine eigene Bilderschrift erfinden.

Warum balsamierten die Ägypter ihre Toten ein?

Der Nil

Jedes Jahr trat der Nil über die Ufer und ließ fruchtbaren Schlamm zurück. Die Bauern legten am Ufer Felder an und bewässerten sie mit dem Flusswasser.

Barke für die Toten

Nilbarken waren wichtige Transportmittel.

Hieroglyphen

Die alten Ägypter verwendeten eine Bilderschrift: die Hieroglyphen. Die Symbole stehen für ganze Wörter und einzelne Buchstaben.

Hieroglyphen

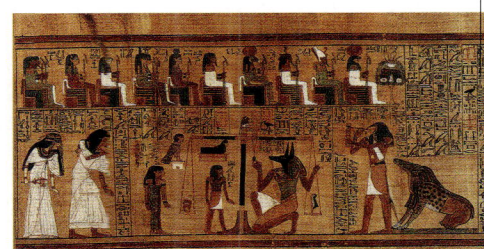

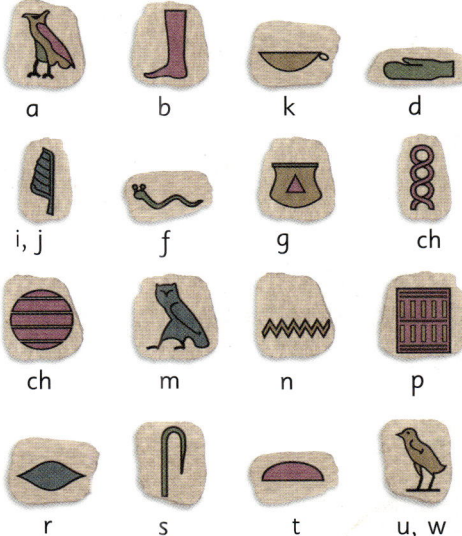

a	b	k	d
i, j	f	g	ch
ch	m	n	p
r	s	t	u, w

Hieroglyphische Lauttafel

Die Sphinx

Die Sphinx, eine gewaltige Steinskulptur, steht bei den Pyramiden von Giseh. Sie hat den Körper eines Löwen und einen Menschenkopf mit dem Gesicht eines Pharaos.

Die Sphinx ist aus einem Steinblock gemeißelt.

Die Große Sphinx bewacht die Pyramide eines Pharaos namens Chefren.

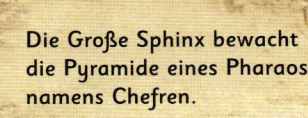

Um ihren Körper für das Leben im Jenseits zu erhalten.

Die Griechen

Vor 2500 Jahren bestand Griechenland aus mächtigen Stadtstaaten wie Athen und Sparta. Zwischen den Stadtstaaten herrschte oft Krieg.

Griechische Bauwerke
Die alten Griechen errichteten für ihre Götter herrliche Tempel. Dieser Tempel in Athen wurde zu Ehren der Göttin Athene erbaut.

Griechisches Theater
Das Theater war im alten Griechenland sehr beliebt. Griechische Schriftsteller schrieben viele Stücke, vor allem Tragödien und Komödien, die in großen Freiluft-theatern aufgeführt wurden.

Mehr erfahren
über große Städte
S. 22–23
Kunst
S. 32–33
Theater und Tanz
S. 36–37

Wo fanden die ersten Olympischen Spiele statt?

Trojanischer Krieg

Der Legende nach schenkten die Griechen den Trojanern ein Holzpferd. Darin versteckten sich Krieger, die nachts herauskamen und die Stadttore öffneten. So gewann Griechenland den Trojanischen Krieg.

Helm mit Nasenschutz

Die griechischen Krieger nennt man Hopliten.

Mythologie

Die Griechen erzählten viele Geschichten über ihre Götter und Göttinnen.

 **Zeus** war der Gott des Himmels und des Donners. Der oberste Gott herrschte auf dem Berg Olymp.

 **Athene** war die Göttin des Krieges, der Weisheit und der Stadt Athen.

 **Poseidon**, der Bruder von Zeus und Hades, war der Gott der Meere und Erdbeben.

 **Aphrodite** war die Göttin der Liebe und der Schönheit. Sie liebte den Kriegsgott Ares.

 **Hades** war der Gott der Unterwelt, in der die Toten wohnten.

Panzerplatten aus Bronze schützten den Körper.

Manche Schilde waren mit Wappen verziert.

Krieger

Jede Stadt hatte eine Armee. Krieg gehörte zum Alltag. Ein Soldat musste reich genug sein, um sich seine Waffen und Rüstung selbst kaufen zu können.

Beinschienen schützten die Beine.

In der Stadt Olympia, 776 v. Chr.

Die Römer

Die Stadt Rom war anfangs nur eine kleine Siedlung am Fluss Tiber in Italien. Später entwickelte sie sich zur mächtigen Hauptstadt eines großen Reichs.

Das Forum war der zentrale Platz einer römischen Stadt.

Die Stadt Rom

Rom ist auch heute noch eine große und lebhafte Stadt. Die Ruinen des Forums, das Kolosseum und viele andere antike Bauwerke ziehen zahlreiche Besucher an.

Gladiatoren

Das Kolosseum war ein großes Freilufttheater. Dort kämpften Berufs-kämpfer, die Gladiatoren, gegeneinander oder mit wilden Tieren. Die Kämpfe verliefen oft tödlich.

Gladiatoren waren mit Netzen und Speeren oder Schilden und Schwertern bewaffnet.

50 000 Zuschauer konnten den Kämpfen in der Arena zuschauen.

Was ist eine römische Villa?

Die lateinische Sprache

Die Sprache der Römer nennt man Latein. Die römischen Kinder ritzten zum Schreibenlernen Buchstaben in Holztafeln, die mit Wachs überzogen waren. Die Tafeln konnten immer wieder gelöscht und neu beschrieben werden.

Das Römische Reich

Die Römer eroberten große Gebiete. Zwischen Schottland und England bauten sie den Hadrianswall, eine lange Mauer, um die Grenzen ihres Reichs zu schützen.

Die violette Fläche auf dieser Karte zeigt das Römischen Reich um 100 v. Chr.

Hadrianswall

Berühmte Römer

Hier lernst du einige der berühmtesten römischen Persönlichkeiten kennen:

Spartakus war ein Sklave. Er führte ein Sklavenheer gegen die Römer an.

Julius Cäsar herrschte als Feldherr über Rom, bevor er ermordet wurde.

Augustus, der erste Kaiser Roms, wurde nach seinem Tod zum Gott erklärt.

Ovid war ein römischer Dichter. Er schrieb Gedichte über Sagen und Mythen.

Kaiser Hadrian bereiste das Reich und baute an den Grenzen Schutzwälle.

Die römische Armee

Die Römer hatten die beste Armee ihrer Zeit. Ihre Soldaten, die Legionäre, eroberten viele Länder und bewachten das Reich. Dazu mussten sie oft weite Strecken marschieren.

Standarte (Armeefahne)

Soldatensandalen

Römische Straßen

In Friedenszeiten legten Soldaten Straßen an. Sie waren wichtig, damit sich die Armee schnell dorthin bewegen konnte, wo man sie brauchte. Einige dieser Straßen gibt es noch heute.

Ein großes Landhaus einer wohlhabenden Familie.

Die Wikinger

Die Wikinger lebten vor ungefähr 1000 Jahren in Skandinavien in Nordeuropa. Mit ihren großen Schiffen unternahmen sie weite Reisen in ferne Länder.

Mast

Das Segel war aus Wolle oder Leinen.

Taue

Langschiffe

Die Kriegsschiffe der Wikinger nennt man Langschiffe. Die hölzernen Schiffe waren sehr stabil und schnell. Bis zu 80 Männer segelten und ruderten auf einem Schiff.

Wichtige Männer wurden auf ihren Booten bestattet.

Wikingerreisen

Die Wikinger waren nicht nur gefürchtete Krieger und Plünderer, sondern auch große Entdecker. Auf der Suche nach Handelsware und Land für neue Siedlungen segelten sie sogar bis nach Nordamerika.

Skandinavien

Atlantischer Ozean

EUROPA

NORD-AMERIKA

Um das Jahr 1000 n. Chr. erreichten die Wikinger Nordamerika.

Mehr erfahren

über Schrift
S. 30–31
Entdecker
S. 60–61
Schiffe und Boote
S. 114–115

Wie nennt man das Alphabet der Wikinger?

Kriegervolk

Die Wikinger waren ein kriegerisches Volk. Um sich selbst vor Überfällen zu schützen, standen ihre Rüstung und Waffen immer bereit.

Wikingerhäuser

Wikingerfamilien lebten in Häusern aus Holz, Stein oder Grassballen. Der Rauch des Kochfeuers zog durch eine Öffnung im Dach ab. Die Leute saßen auf Hockern oder Bänken um das Feuer und schliefen auf dem Boden.

Speer aus Eisen und Holz

Die Wikinger hatten Schilde aus Holz und Rüstungen aus Leder oder Kettenhemden.

Gestepptes Lederhemd

Helm mit Nasenschutz

Kettenhemd

Eine kleine Statue des Wikingergottes Freyr

Heldengeschichten

Zur Unterhaltung erzählten sich die Wikinger lange Geschichten über ihre Helden und Götter. Diese Geschichten nennt man Sagas.

Runen

Die Buchstaben, mit denen die Wikinger Gedichte und Inschriften aufschrieben, nennt man Runen. Die geraden Linien wurden in Holz oder Stein geritzt.

Runder Holzschild

Eisenschwert

Lange Wollsocken

Schuhe aus Ziegenleder

Gekämpft wurde mit Schwertern und Speeren.

Runen

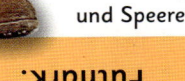

Azteken, Inka und Maya

Bevor die Europäer nach Süd- und Mittelamerika kamen, lebten hier drei große Völker: Azteken, Maya und Inka. Sie bauten große Städte und Tempel für ihre Götter.

Kopfschmuck der Azteken

Wo lebten sie?

Die Maya lebten in Zentralamerika. Die Azteken herrschten über weite Teile Mexikos. Das Inkareich lag an der Westküste Südamerikas.

Die Mondpyramide in Teotihuacán (Mexiko)

Pyramidentempel

Sowohl die Azteken als auch die Maya errichteten stufenförmige Pyramidentempel. Am oberen Ende der Stufen befand sich ein Altar, auf dem die Priester ihren Göttern Opfer brachten.

Dies ist Chicomecoatl, die aztekische Maisgöttin.

Götter und Ackerbau

Die Azteken beteten zu ihren Göttern für gute Ernten. Die wichtigste Pflanze war der Mais. Er wurde zu Mehl für flache Brotfladen zermahlen.

Was haben Inka und Ägypter gemeinsam?

Spanische Galeone

Spanische Eroberung

Im 16. Jahrhundert kamen spanische Seefahrer nach Amerika. Ihre Ankunft bedeutete das Ende der Zivilisation der Azteken, Maya und Inka. Viele Menschen starben und ganze Städte wurden zerstört.

Das Gold der Inka

Die Inka waren bekannt für ihr Gold. Die Goldgier der Spanier führte zur Zerstörung des Inkareichs.

Lamas waren wichtige Lasttiere der Inka. Sie lieferten auch Wolle.

Goldarmbänder wurden vermutlich von den tapfersten Kriegern getragen.

Als Zeichen des Respekts vor den Göttern fertigte man **goldene Statuen** an.

Städte der Maya

Die Maya bauten Städte mit großen Plätzen und vielen Tempeln und Palästen aus Stein. Dies ist der Tempel des Großen Jaguars in der Maya-Stadt Tikal.

Tikal liegt in Guatemala in Südamerika.

probier's aus!

Bastle einen Aztekenkopfschmuck: Schneide bunte Federn aus Papier aus und klebe sie auf einen Streifen Papier, der um deinen Kopf passt.

Inka-Terrassen

Dies ist die Inka-Stadt Machu Picchu, die hoch oben in den Anden von Peru liegt. Die Bauern legten in den Bergen flache Terrassen an, auf denen sie Mais, Bohnen und Kürbisse anbauten.

Die Ruinen von Machu Picchu können heute noch besichtigt werden.

Sie balsamierten ihre Toten ein und bestatteten sie als Mumien.

Ritter und Burgen

Burgen waren fast uneinnehmbar. Sie hatten dicke Mauern und die Burgbewohner verteidigten sich mit Pfeil und Bogen gegen Eindringlinge.

Arten von Burgen

Frühe Burgen waren aus Holz. Später baute man sie aus Stein.

Normannische Burgen waren Türme aus Stein, die von dicken Mauern umgeben waren.

Französische Schlösser waren prachtvoll mit Gräben und Türmen.

Japanische Paläste wurden von Kriegsfürsten errichtet und hatten schmuckvolle Dächer.

Das **Rote Fort** in Indien war ein Palast mit 30 Meter hohen Mauern.

Festungsbauten

Mit ihren Burggräben und hohen Türmen waren Burgen nur schwer einzunehmen. Meist standen sie außerdem auf einer Erhöhung, sodass Feinde kaum an sie herankamen.

Probier's aus!

Schneide dir aus einem großen Stück Karton ein Ritterschild. Beklebe ihn mit Silberfolie oder male dein eigenes Wappen auf.

Turniere

In Friedenszeiten traten Ritter in Turnieren gegeneinander an. Mit Lanzen aus Holz versuchten sie einander aus dem Sattel zu stoßen.

Zinnen

Turm

Dicke Mauern

Burggraben

Was sind Kettenhemden?

Helm

Ritter

Ritter waren Soldaten zu Pferde. Sie trugen schwere Rüstungen aus Eisenplatten und waren mit Äxten, Lanzen und Schwertern bewaffnet.

Streitkolben

Ein Ritter stach mit dem Schwert in die Lücken der Rüstung seines Gegners.

Kriegerische Samurai

In Japan hießen die Ritter Samurai. Sie kämpften für einen mächtigen Fürsten und lebten nach strengen Regeln. Ihre Ehre war ihnen sehr wichtig.

Bein-schiene

Sporn

Büffel-hörner

Die Rüstung der Samurai war aus lackiertem Holz oder miteinander verbundenen Metallplatten.

Eeinschutz aus Leder

Samurai-schwert

Bogenschützen schossen Pfeile durch Schieß-scharten.

Lanze

Jeder Ritter hatte sein eigenes Wappen.

Schild

Panzerhemden aus ineinander verflochtenen Metallringen.

Entdecker

Seit Jahrhunderten erforschen Menschen fremde Gegenden. Manche hoffen wertvolle Dinge oder fruchtbares Land zu finden. Andere suchen Abenteuer.

Frühe Forscher

Vor vielen tausend Jahren erkundeten die Polynesier den Pazifischen Ozean in Kanus wie diesem und besiedelten die Pazifischen Inseln.

Große Forschungsreisen

Dies sind einige der bekanntesten Entdecker und ihre großen Reisen.

Marco Polo reiste im 13. Jahrhundert über Land von Italien bis nach China.

Burke und Wills reisten 1860 von Süden nach Norden durch Australien.

Lewis und Clark durchquerten von 1804 bis 1806 Nordamerika.

Magellan leitete im 16. Jahrhundert die erste Weltumseglung.

Die *Santa María* war das Flaggschiff von Kolumbus' Expedition.

Kolumbus' andere beiden Schiffe hießen *Niña* und *Pinta*.

Christoph Kolumbus

Im August 1492 stach Kolumbus in Spanien in See. Sein Ziel war Asien. Im Oktober sah er Land, das jedoch nicht Asien war. Ohne es zu wissen, hatte Kolumbus Amerika erreicht.

Nach welchem italienischen Entdecker ist Amerika benannt?

Mount Everest

Im Mai 1953 bestiegen Edmund Hillary und Tenzing Norgay als erste Menschen den Gipfel des Mount Everest, des höchsten Bergs der Erde.

Der Südpol

Der erste Mensch, der den Südpol erreichte, war 1911 Roald Amundsen. Sein Konkurrent, der britische Forscher Robert Scott, kam mit seiner Expedition erst einen Monat später dort an.

Amundsen und einer seiner Begleiter machen 1911 Fotos am Südpol.

Diese Kapuze trug der britische Forscher Ernest Shackleton bei seinem Versuch, 1907/08 den Südpol zu erreichen.

Teile von Scotts Ausrüstung

Messer

Rasierspiegel

Streichhölzer

Becher

Erforschung der Tiefsee

Wissenschaftler erkunden mithilfe von Tauchbooten den Meeresboden oder suchen nach Schiffswracks. Dabei entdecken sie immer wieder noch unbekannte Tierarten.

Das 20. Jahrhundert

Das 20. Jahrhundert bezeichnet die Zeitspanne zwischen 1901 und 2000. Viele Ereignisse und Entdeckungen in dieser Zeit haben das Leben der Menschen stark verändert.

Symbol der britischen Luftwaffe

Britisches Kampfflugzeug aus dem Zweiten Weltkrieg

Weltkriege

Im 20. Jahrhundert kam es zu zwei verheerenden Weltkriegen. Der Erste Weltkrieg dauerte von 1914 bis 1918, der Zweite Weltkrieg von 1939 bis 1945. Millionen von Menschen kamen in beiden Kriegen ums Leben.

Atomkraft

Das erste Atomkraftwerk wurde 1954 eingeweiht. Heute gibt es über 400 Atomkraftwerke weltweit. Sie erzeugen Energie, aber auch gefährlichen radioaktiven Abfall.

Fast drei Viertel von Frankreichs Elektrizität wird in Atomkraftwerken erzeugt. Dieses steht an der Seine.

Dies ist *Sirius*, ein Schiff der Umweltschutzorganisation Greenpeace.

Die Ketten verhindern das Einsinken im Schlamm.

Panzer

Metallplatten schützen den Panzer.

Wer war der erste Mensch im Weltraum?

Popmusik

Die Beatles waren eine der erfolgreichsten Popgruppen aller Zeiten. In den 1960er-Jahren kauften Millionen von Menschen ihre Schallplatten. Live-Auftritte im Fernsehen förderten ihre Beliebtheit. Die Gruppe löste sich 1970 auf.

Die Beatles spielen in New York live im Fernsehen.

Mann auf dem Mond

1969 landeten amerikanische Astronauten zum ersten Mal auf dem Mond. Menschen auf der ganzen Erde verfolgten im Fernsehen ihre ersten Schritte auf der staubigen Mondoberfläche.

Buzz Aldrin

Buzz Aldrin war der zweite Mann auf dem Mond, Neil Armstrong der erste.

Raumfahrtanzug

Die Umwelt

Einige Menschen begannen, sich über die Verschmutzung der Umwelt Gedanken zu machen. Sie gründeten Organisationen wie Greenpeace und den Bund Naturschutz in Deutschland.

Fortschritt

Viele Neuerungen haben im 20. Jahrhundert unseren Alltag verändert:

Handys und **Internet** machen es leichter, andere Menschen zu erreichen.

Fortschritte in der Medizin helfen Krankheiten zu bekämpfen.

Erfindungen wie das Düsentriebwerk haben das Reisen schnell und billig gemacht.

Sport wurde immer beliebter und viele Sportler wurden sehr berühmt.

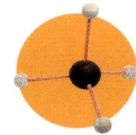
Die Entschlüsselung des Gencodes war ein großer Erfolg in der **Forschung**.

Ein Mikrochip besteht aus elektronischen Schaltkreisen, die auf einem dünnen Plättchen liegen.

Nelson Mandela

Im Lauf des 20. Jahrhunderts änderte sich in der Politik sehr viel. Nelson Mandela kämpfte in Südafrika gegen die Unterdrückung der schwarzen Bevölkerung. 1994 wurde er Südafrikas Präsident.

Technologie

Im 20. Jahrhundert wurden viele neue Technologien entwickelt. Um 1950 wurde der Mikrochip erfunden. Er ist ein wichtiges Bauteil in Computern, Fernsehern und anderen elektronischen Geräten.

Welt des Lebens

Pflanzen, Pilze, Tiere und Menschen entstehen, wachsen und sterben, das heißt, sie sind lebendig. Deshalb nennt man sie Lebewesen.

Pflanzen

Zu den Pflanzen gehören kleine Blumen ebenso wie große Bäume. Ohne Pflanzen hätten wir nichts zu essen und keine Luft zum Atmen, denn sie produzieren den Sauerstoff.

Tiere können groß und pelzig sein ...

Viele Pflanzen haben bunte Blüten, die süß duften.

Sternhyazinthen

Braunbär

Fliegenpilz

Pilze

Pilze sind keine Pflanzen, sondern bilden eine eigene Gruppe von Lebewesen. Manche, wie dieser Fliegenpilz, sind giftig.

64

Tiere

Tiere müssen sich ihre Nahrung suchen. Pflanzen hingegen erzeugen ihre Nahrung selbst. Unter den Tieren gibt es Pflanzen- und Fleischfresser.

Braunbären gehören zur Gruppe der Säugetiere. Sie wiegen ungefähr 500 Kilogramm und sind sehr stark.

Menschen

Auch wir Menschen gehören zu den Tieren. Auf der Erde leben heute über sieben Milliarden Menschen, die alle verschieden sind.

… oder klein und zerbrechlich.

Blauer Morphofalter

Mit ihren scharfen Krallen graben Bären nach Wurzeln oder jagen Beute.

Was bin ich?

Suche auf den Seiten „Lebewesen" die Fotos, aus denen diese Ausschnitte stammen.

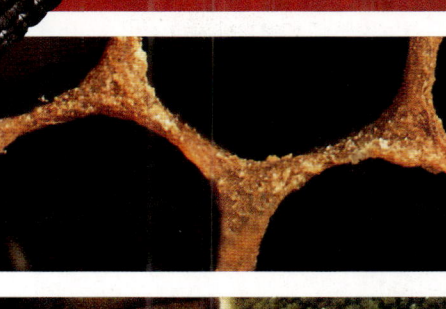

Mehr erfahren

über Regenwälder
S. 14–15
Energie
S. 98–99
unseren Planeten
S. 124–125

Eine Bärenart.

Pflanzen

Auf der Erde wachsen über 380 000 Pflanzenarten. Es gibt kleine und große, unauffällige und bunte.

Frische Luft

Pflanzen nehmen ein Gas auf, das Kohlenstoffdioxid heißt. Daraus erzeugen sie ihre Nahrung (siehe S. 70). Dabei geben sie Sauerstoff ab. Diesen brauchen Menschen und Tiere zum Atmen.

Blütenpflanzen

Manche Pflanzenarten haben bunte Blüten. In der Blüte wachsen die Samen heran, aus denen neue Pflanzen entstehen.

— Blütenblatt

Bienen und andere Insekten saugen süßen Blütennektar. Sie tragen dabei den Pollen von einer Blüte zur anderen.

— Blatt

Was ist eine Rafflesie?

Entstehung der Samen

Pflanzen erzeugen Samen, um sich zu vermehren.

Blütenblätter sind die buntesten Teile der Pflanze. Sie ziehen Insekten an.

Pollen nennt man den gelben Staub, aus dem Samen werden. Insekten tragen ihn von Blüte zu Blüte.

Samen werden von Tieren, Wasser oder Wind weitergetragen. So verbreiten sich die Pflanzen.

Fleischfressende Pflanzen

Die Venusfliegenfalle fängt zwischen ihren stachligen Blättern Insekten und verwandelt sie in flüssige Nahrung.

Kakteen

Kakteen wachsen in heißem Wüstenklima. In ihrem dicken Stamm speichern sie Wasser. Ihre spitzen Stacheln schützen sie vor hungrigen Tieren.

Wasserpflanzen

Seerosen wachsen im Wasser. Ihre Blätter und Blüten treiben auf der Oberfläche, während die Wurzeln im Schlamm verankert sind.

Wachsen

In der Erde keimen die Samen. Die Wurzel wächst nach unten und gibt Halt, der Trieb wächst nach oben zum Licht.

Mit ihren Wurzeln saugen Pflanzen Wasser und Nahrung aus dem Boden.

Libelle

Venusfliegenfalle

Probier's aus!

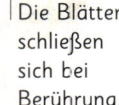

Baue dir einen Garten in der Dose: Fülle eine Dose mit Erde und lege Samen hinein. Wenn du sie täglich gießt, werden sie keimen.

Die Blätter schließen sich bei Berührung.

Stängel

Blatt

Die Pflanze mit der größten Blüte der Welt. Sie stinkt faulig.

Bäume

Ein Baum ist eine Pflanze mit einem dicken, holzigen Stamm. Große Gruppen von Bäumen nennt man Wälder. Wälder gibt es überall auf der Erde.

Die Blätter der Laubbaumarten haben viele unterschiedliche Formen.

Buche

Eiche

Ahorn

Mischwald im Herbst

Palmwedel

Laubbäume

Laubbäume wie Eiche, Ahorn und Buche haben breite, flache Blätter. Im Herbst werfen sie ihr Laub ab. Bevor die Blätter abfallen, verfärben sie sich rot, braun und golden, wie auf diesem Foto.

Dieser riesige Baum wurde ausgehöhlt, damit Autos durchfahren können.

Rekordbäume

Am größten werden die Mammutbäume, die an der Küste Kaliforniens in den USA wachsen. Sie können bis zu 110 Meter hoch werden.

Mehr erfahren

über Regenwälder
S. 14–15
Wasser
S. 134–135
Klima
S. 138–139

Wie alt können Bäume werden?

Nadelbäume

Nadelbäume wie Tannen und Fichten haben Nadeln und Zapfen anstelle von Blättern und Früchten. Sie wachsen vor allem in kühlen Regionen.

Tannenzweig mit Nadeln

Tannenzapfen

Nadelwald im Winter

Bcumstämme sind aus festem, starkem Holz.

Palmen

Palmen haben hohe, schlanke Stämme, die sich im Wind hin und her biegen. Ihre großen Blätter nennt man Wedel. Sie wachsen in warmen Regionen.

Der Stamm ist von einer Rindenschicht bedeckt.

Die Kokosmilch kann man trinken, das Fleisch essen.

Kokosnuss

Das Alter eines Baumes kann man an seinen Jahresringen ablesen.

Nützliche Bäume

Bäume liefern viele nützliche Dinge. Früchte wie Datteln und Kokosnüsse wachsen auf Palmen. Papier wie das dieses Buchs wird aus dem Holz von Nadelbäumen hergestellt.

Jahresringe

Manche Bäume werden mehrere 1000 Jahre alt.

Pflanzennahrung

Ohne Pflanzen würden Tiere und Menschen verhungern. Pflanzen erzeugen ihre Nahrung selbst aus Wasser, Luft und Sonnenlicht.

Luft

Wasser

Sonnenlicht

Licht, Luft, Wasser

Pflanzen nehmen Wasser aus dem Boden und das Gas Kohlenstoffdioxid aus der Luft auf. Mithilfe von Licht wandeln sie beides in Nährstoffe um. Diesen Vorgang nennt man Fotosynthese.

Nahrungskette

Menschen und Tiere können ihre Nahrung nicht selbst erzeugen. Deshalb ernähren sie sich von Pflanzen oder von Tieren, die Pflanzen fressen.

Saftiges Obst

Wenn du in einen Apfel beißt, isst du die Frucht eines Apfelbaums. Das Fruchtfleisch umgibt die Kerne, die Samen des Apfels. Kennst du noch andere leckere Früchte?

Apfelkerne (Samen)

Ist die Tomate eine Frucht oder ein Gemüse?

Essbare Pflanzen

Hier einige der Pflanzen, die täglich von Menschen gegessen werden:

 Manche **Samen** und **Kerne** sind sehr lecker, z. B. Sonnenblumenkerne.

 **Bohnen** und **Erbsen** sind Pflanzensamen, die wir als Gemüse essen.

 Wir essen auch **Blätter** und **Stängel** wie von Kohl, Salat und Sellerie.

 **Knollen** wie Kartoffeln und Wurzeln wie Möhren wachsen unter der Erde.

 **Nüsse** sind ebenfalls Samen. Einige haben eine sehr harte Schale.

 **Früchte** wie Äpfel und Orangen haben innen kleine Samen.

Landwirtschaft

Überall auf der Erde bauen die Menschen auf Äckern und in Gärten essbare Pflanzen an. Hier pflügt ein Traktor einen Acker um, damit der Boden gelockert wird und Weizen ausgesät werden kann.

Reiskörner

Säen und Pflanzen

In manchen Regionen wird noch von Hand gesät und geerntet. Diese thailändischen Bauern pflanzen Reis. Die meisten Reisarten wachsen im Wasser.

Mehr erfahren
über Arbeit und Beruf
S. 42–43
Essen und Verdauen
S. 90–91
Energie
S. 98–99

Getreideernte

Dies ist ein Mähdrescher. Er fährt übers Feld, schneidet die Getreidehalme und sammelt sie ein. In seinem Inneren drischt er die Körner aus ihren Hüllen.

Ein Laib Vollkornbrot aus Weizenmehl

Die Tomate ist eine Frucht. Ihre Samen sind von Fruchtfleisch umgeben.

Tiergruppen

Es gibt über eine Million Tierarten. Um sie besser erforschen zu können, hat man sie in Gruppen eingeteilt.

Tiger

Lori

Vögel
Alle Vögel haben Flügel und Federn, aber nicht alle können fliegen. Ihre Jungen schlüpfen aus hartschaligen Eiern, die meistens in ein Nest gelegt werden.

Schlangen, wie diese Klapperschlange, gehören zu den Reptilien.

Reptilien
Reptilien haben eine trockene, schuppige Haut. Die Jungen der meisten Arten schlüpfen aus Eiern mit ledriger Schale, andere werden lebend geboren.

Laubfrosch

Amphibien
Amphibien leben im Wasser und an Land. Ihre Haut ist feucht und glitschig. Ihre Eier sind weich wie Gelee. Frösche gehören zu den Amphibien.

Welches ist das größte Tier der Erde?

Löwe

Säugetiere

Die Weibchen der Säugetiere bringen lebende Junge zur Welt und säugen sie mit Milch. Die meisten haben ein Fell oder Haare auf ihrem Körper.

Löwen sind Säugetiere. Löwenmännchen haben eine dicke Mähne, die sie größer aussehen lässt.

Stubenfliege

Insekten

Fliegen und andere Insekten haben sechs Beine und einen dreigeteilten Körper. Insekten sind die größte Tiergruppe. Man findet sie überall.

Clownfisch

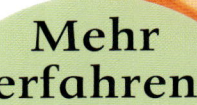

Fische

Fische leben in Meeren, Flüssen, Seen und Teichen. Sie atmen mit Kiemen und benutzen ihre Flossen zum Schwimmen.

Was bin ich?

Suche auf den Seiten über das Tierreich die Fotos, aus denen diese Ausschnitte stammen.

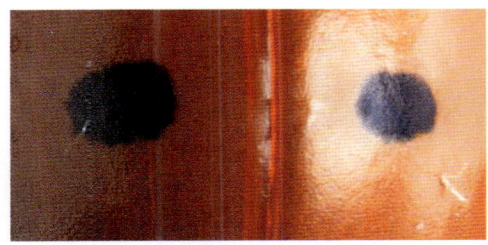

Mehr erfahren

über Grasland
S. 12–13
Dinosaurier
S. 86–87
Wasser
S. 134–135

Der Blauwal. Er wird bis zu 33 Meter lang.

Säugetiere

Die meisten Säugetiere haben Haare oder ein Fell. Die Weibchen säugen ihre Jungen mit Milch. Elefanten, Fledermäuse, Wale und Menschen gehören alle zu den Säugetieren.

Gorillamutter mit Baby

Säugetierbabys

Fast alle Säugetiere, wie Affen, Katzen oder Hunde, bringen lebende Junge zur Welt, die wie ihre Eltern aussehen. Die Babys entwickeln sich im Bauch der Mutter, bis sie geboren werden.

Graues Riesenkänguru

Bei Gefahr klettert auch ein größeres Kängurujunges in den Beutel seiner Mutter.

Beuteltiere

Einige Säugetierarten wie Kängurus und Koalas haben am Bauch einen Beutel. Die winzigen Babys krabbeln nach der Geburt dort hinein. Hier trinken sie die Milch der Mutter und wachsen heran.

Welches ist das schnellste Säugetier der Erde?

Meeressäuger

Wale, Delfine und Seehunde sind Säugetiere, die im Meer leben. Sie haben Flossen statt Arme und Beine. Zum Atmen kommen sie an die Wasseroberfläche.

Buckelwale

Fliegende Säugetiere

Fledermäuse jagen im Flug Insekten oder suchen nach reifen Früchten. Die Haut ihrer Flügel ist zwischen den langen Fingern aufgespannt.

Junger Mensch

Fledermäuse haben einen pelzigen Körper.

Primaten

Affen, Menschenaffen und Menschen sind Primaten. Es gibt viele Affenarten, aber nur vier Arten von Menschenaffen: Schimpansen, Gorillas, Orang-Utans und Gibbons.

Haselmaus im Winterschlaf

Das Fell

Die meisten Säugetiere haben ein Fell, das sie vor Kälte schützt und tarnt.

Im Winter wird das Fell des **Polarfuchses** weiß wie der Schnee.

Mit dem gefleckten Fell können sich **Geparden** unbemerkt anschleichen.

Yaks leben hoch oben in den Bergen. Ihr zottiges Fell hält sie warm.

Durch die Streifen sind **Zebras** in der flimmernden Sonne schwer zu erkennen.

Winterschlaf

Weil es im Winter kalt ist und es nicht viel Nahrung gibt, halten manche Tierarten Winterschlaf. Dafür müssen sie sich vorher ein dickes Fettpolster anfressen.

Australischer Kurzschnabeligel

Eierlegende Säugetiere

Schnabeligel und Schnabeltiere sind seltsame Säugetiere. Ihre Babys schlüpfen aus Eiern. Schnabeligel legen ihre Eier in einen Beutel am Bauch. Schnabeltiere legen sie in ein Nest am Ufer.

Schnabeligel-Ei

Amphibien

Frösche, Kröten, Molche und Salamander sind Amphibien. Sie legen ihre Eier im Wasser. Die meisten Arten können im Wasser und an Land leben.

Die gemusterte Haut ist eine gute Tarnung.

Korallenfingerfrosch

Schmuckhornfrosch

Froschleben

Junge Frösche verändern sich stark, während sie heranwachsen.

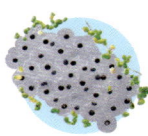

Froschlaich ist ein durchsichtiger Klumpen mit dunklen Eiern darin.

Kaulquappen schlüpfen aus den Eiern. Zuerst sind sie nur ein runder Körper mit Schwanz.

Später wachsen ihnen **Beine** und sie sehen immer mehr wie Frösche aus.

Junge Frösche können nach wenigen Wochen den Teich verlassen.

Frösche und Kröten

Fast alle Frösche haben eine glatte Haut und lange Beine zum Springen. Die meisten Kröten haben eine warzige Haut und kurze Beine zum Kriechen.

Molche und Salamander

Molche und Salamander sind Amphibien, die Echsen ähneln. Körper und Schwanz sind lang, ihre Beine sind kurz. Einige leben auf dem Land, andere im Wasser. Die bunten Arten sind meist giftig.

Europäischer Feuersalamander

Blindwühlen

Blindwühlen sind ebenfalls Amphibien. Sie graben sich mit dem Kopf durch Schlamm und fressen dabei Würmer und Insekten.

Grasfrosch

Frösche haben große Augen, mit denen sie gut sehen.

Welcher Frosch ist am giftigsten?

Schnell und geschickt hüpft der Frosch davon.

Springerbeine
Frösche sind gute Weitspringer. Der Welt-meister unter den Fröschen ist der afrikanische Wasserfrosch, der über 5 Meter weit springen kann.

Leopardfrosch

Nach vorn gerichtete Augen erleichtern Laubfröschen das Klettern.

Riesenlaubfrosch

Fressgewohnheiten
Frösche und Kröten fangen Insekten, indem sie ihre klebrige Zunge vorschnellen lassen. Nachts jagen sie Würmer und Schnecken.

Laubfrösche leben auf Bäumen. Mit ihren klebrigen Zehen können sie gut klettern.

Probier's aus!
Lass dir helfen, etwas Froschlaich aus einem Teich zu holen. Schau dir in einem Aquarium an, wie sich die Kaulquappen entwickeln. Bringe sie dann in den Teich zurück.

Der Schreckliche Pfeilgiftfrosch.

77

Reptilien

Eidechsen, Schlangen und Krokodile sind Reptilien. Sie leben meist an heißen Orten, denn sie brauchen die Sonne, um ihren Körper warm zu halten.

Reptiliengruppen

Über 10 000 Reptilienarten leben auf der Erde. Man teilt sie in vier Gruppen ein:

Echsen, wie diese Kragenechse, die in Australien lebt.

Schildkröten, wie diese Pantherschildkröte aus Afrika.

Krokodile und Alligatoren, wie dieser Mississippi-Alligator.

Schlangen, wie diese Königsnatter aus Amerika.

Merkmale

Reptilien haben eine schuppige Haut. Sie laufen, kriechen oder schwimmen. Die meisten Reptilien legen Eier und ihre Jungen schlüpfen an Land.

Grüne Hundskopfboa

Schlangen häuten sich von Zeit zu Zeit, um zu wachsen.

Reptilienrekorde

Der Komodowaran (oben) ist die größte und schwerste Echse. Das größte Reptil der Erde ist das Leistenkrokodil. Es wird bis zu 7 Meter lang und ist sehr gefährlich.

Ausgeschlüpft

Die meisten Reptilien legen Eier mit ledriger Schale, aus denen die Jungen schlüpfen. Hier schlüpfen junge Pantherschildkröten. Es kann zwei Tage dauern, bis sie sich aus der Schale befreit haben.

Junge Pantherschildkröten schlüpfen aus dem Ei.

Fleischfresser

Krokodile und Alligatoren lauern im Wasser, bevor sie ihre Beute mit spitzen Zähnen packen. Sie fressen Fische, Schildkröten, Vögel und kleine Säugetiere.

Krokodile haben bis zu 80 Zähne.

Nilkrokodil

Langes Leben

Einige Reptilien leben sehr lange. Schildkröten werden 100 Jahre und älter. Man kann ihr Alter an den Ringen auf dem Panzer ablesen.

Mehr erfahren
über Wüsten
S. 10–11
Dinosaurier
S. 86–87
Licht und Farbe
S. 102–103

Farbwechsel

Die grüne oder braune Haut vieler Reptilien ist auf dem Boden oder auf Bäumen eine gute Tarnung. Chamäleons können ihre Farbe sogar ändern, um Artgenossen mitzuteilen, wie sie sich fühlen.

Das Chamäleon kann die Augen nach hinten verdrehen.

Chamäleons können braun, grün oder gelb sein – und alle Farbtöne dazwischen haben.

Riesenchamäleon

Der Netzpython. Er wird bis zu 10 Meter lang.

Fische

Fische leben im salzigen Meer oder im Süßwasser von Flüssen und Seen. Der größte Fisch ist der Walhai, der kleinste die Zwerggrundel.

Merkmale

Die meisten Fische haben eine schuppige Haut und Flossen zum Schwimmen. Mit ihren Kiemen atmen sie unter Wasser. Sie legen große Mengen geleeartiger Eier, aus denen die Jungen schlüpfen.

Der glatte Körper erleichtert das Schwimmen.

Auge

Kiemen

Rückenflosse

Schwanzflosse

Schuppige Haut

Seepferdchen-Väter

Männliche Seepferdchen sind gute Väter. Die Weibchen legen ihre Eier in einer Bauchtasche des Männchens ab. Nach wenigen Wochen schlüpfen die Jungen und schwimmen weg.

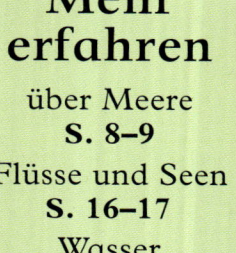

Seepferdchen-vater mit Babys

Mehr erfahren

über Meere
S. 8–9
Flüsse und Seen
S. 16–17
Wasser
S. 134–135

Plattfische

Plattfische wie Seezunge und Scholle haben bei ihrer Geburt einen normalen Fischkörper. Dann werden sie flach, die Augen wandern nach oben. So können sie sich auf dem Meeresboden besser verstecken.

Wie klein ist die Zwerggrundel?

Selbstverteidigung

Fische sind die Beute vieler Räuber. Manche wehren Fressfeinde durch besondere Eigenschaften ab.

Igelfische blähen sich zu einer stachligen Kugel auf. So kann niemand sie fressen.

Stachelrochen verteidigen sich mit dem scharfen Stachel an ihrem Schwanz.

Steinfische liegen wie harmlose Steine auf dem Meeresboden. Ihr Gift ist aber tödlich.

Die Zähne eines Hais können länger als dein Finger sein.

Alle paar Wochen bekommen Haie neue Zähne.

Haie und Rochen

Das Skelett von Haien und Rochen besteht nicht aus Knochen, sondern aus Knorpel – ähnlich wie unsere Ohren. Haie sind geschickte Raubfische, aber nur äußerst selten greifen sie Menschen an.

Kleiner als dein Fingernagel.

Knochenfische

Knochenfische haben ein Skelett aus Knochen oder Gräten. Einige Arten schwimmen in großen Schwärmen. Auf diese Weise ist der einzelne Fisch geschützt.

Fischschwarm

Vögel

Auf der ganzen Erde gibt es Vögel. Im tropischen Regenwald leben Papageien und Tukane. Pinguine sind in der eisigen Antarktis zu Hause. Rotkehlchen und Amseln besuchen unsere Gärten.

Langstreckenflieger

Manche Vögel legen zu ihren Nist- und Futterplätzen große Strecken zurück. Die Küstenseeschwalbe hält den Rekord. Sie fliegt jedes Jahr von der Arktis zur Antarktis und zurück. Das sind etwa 40 000 Kilomenter!

Eulen können lautlos fliegen.

Große Augen

Fliegende Schleiereule

Lange Schwungfedern

Merkmale

Vögel sind die einzigen Tiere, die Federn haben. Die meisten von ihnen haben Flügel und können fliegen. Sie bauen oft Nester, in denen ihre Jungen aus hartschaligen Eiern schlüpfen.

Lange, kräftige Flügel

Scharfer, gekrümmter Schnabel

Scharfe Krallen packen die Beute.

Bunter, männlicher Fregattvogel

Federn

Federn halten die Vögel warm und ermöglichen ihnen zu fliegen. Viele Vögel sind braun gefiedert und dadurch gut getarnt. Manche sind aber auch bunt, vor allem Männchen in der Paarungszeit.

Welche Vögel bauen ihre Nester gern in steilen Klippen?

Vögel haben hohle Knochen. Daher sind ihre Körper sehr leicht.

Starre Schwanzfedern

Nächtliche Jäger

Manche Raubvögel, wie diese Eule, jagen nachts. Eulen haben große Augen und ein scharfes Gehör. Damit finden sie im Dunkeln ihre Beute. Sie fressen kleine Säugetiere und andere Vögel.

Straußeneier wiegen ungefähr 1,5 Kilogramm. Eier von Kolibris sind nur 1 Zentimeter lang.

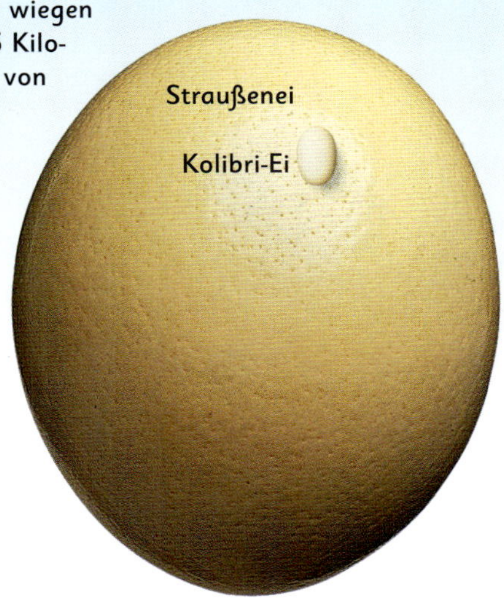

Straußenei

Kolibri-Ei

Riesen und Zwerge

Strauße sind die größten Vögel der Erde. Sie können nicht fliegen, aber dafür sehr schnell laufen. Kolibris sind die kleinsten Vögel. Sie können sogar rückwärts fliegen.

Schnabelformen

Vögel können ihren Schnabel vielseitig einsetzen. Sie nutzen ihn zum Fressen, zum Putzen der Federn, zum Nestbau und als Waffe gegen Feinde.

Adler haben einen scharfen, gebogenen Schnabel, um Beute zu packen und zu zerreißen.

Pelikane haben einen großen Schnabel mit einer Hauttasche, mit dem sie fischen.

Papageien können mit dem kurzen Schnabel Samen und Nüsse greifen und aufknacken.

Tukane erreichen mit ihrem Schnabel auch Früchte, die in den Bäumen hängen.

Blaumeisennest

Eier und Nester

Die meisten Vögel legen ihre Eier in ein Nest. Sie halten die Eier mit ihrem Körper warm, bis die Jungen schlüpfen. Die Vogelbabys sind zuerst noch nackt und können nicht fliegen.

Die Küken bleiben im Nest, bis sie fliegen und sich ihr Futter selbst suchen können.

Insekten und Spinnen

Insekten und Spinnen leben überall. Von ihnen gibt es über eine Million Arten – mehr als von allen anderen Tieren zusammen.

Kängurukäfer

Kopf

Brust

Hinterleib

Eines von sechs Beinen

Flügel

Erwachsene Ameisen sind schnelle Läufer und können schwere Lasten tragen.

Insektenmerkmale
Jedes Insekt hat sechs Beine. Der Körper ist in drei Teile gegliedert: Kopf, Brust und Hinterleib. Mitunter bedeckt ein harter Panzer den Körper. Viele Insekten haben auch Flügel.

Ameisen

Fleißige Arbeiterinnen
In einem Bienenstaat leben Tausende von Bienen. Die meisten von ihnen sind Arbeiterinnen. Sie sammeln Blütennektar und machen daraus Honig.

Insektenarten
Insekten können sehr unterschiedlich aussehen. Die meisten sind sehr klein. Heuschrecken, Fliegen, Käfer und Schmetterlinge – sie alle sind Insekten.

Die Farben eines Marienkäfers warnen Vögel vor seinem unangenehmen Geschmack.

Welche Insekten singen füreinander?

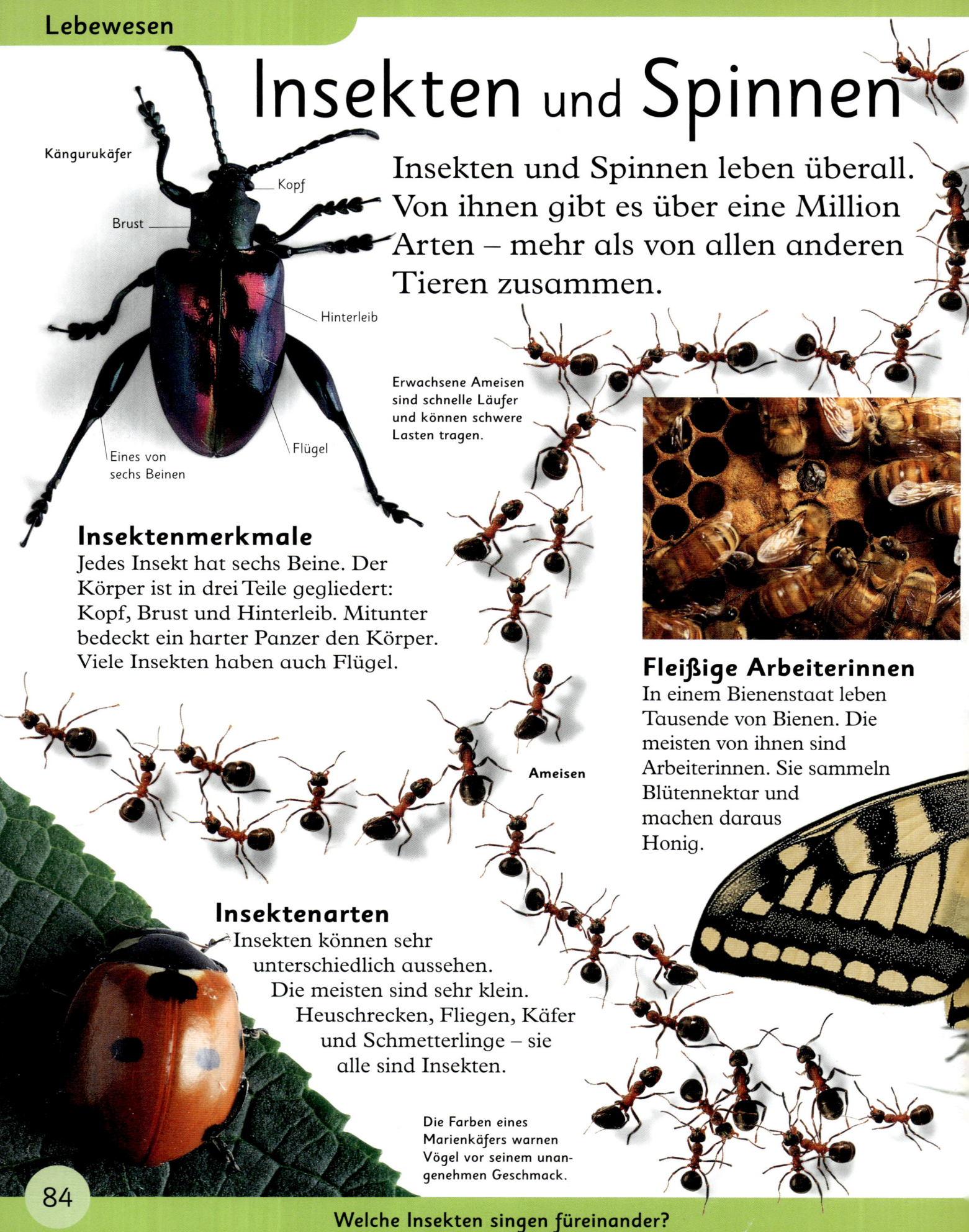

Leben der Schmetterlinge

Viele Insekten, wie der Schwalbenschwanz, machen eine erstaunliche Entwicklung durch.

Das Weibchen legt **Eier** auf einem Blatt ab. Daraus schlüpfen Raupen.

Die **Raupe** frisst Blätter und wächst immer weiter.

Die Raupe verpuppt sich. Diese Hülle nennt man **Kokon**.

Aus dem Kokon schlüpft der erwachsene **Schmetterling**.

Spinnenmerkmale

Spinnen sind leicht von Insekten zu unterscheiden. Sie haben acht statt sechs Beine. Ihr Körper ist in zwei Teile gegliedert, nicht in drei.

Kopf und Brust einer Spinne sind miteinander verbunden.

Eines von acht Beinen

Mexikanische Rotbeinvogelsp nne

Spinnweben

Viele Spinnen weben Netze, mit denen sie ihre Beute fangen. Insekten, die in das Netz fliegen, bleiben darin kleben. Dann kann die Spinne zuschlagen.

Verwandte der Spinnen

Obwohl sie ihnen nicht sehr ähneln, sind Skorpione, Zecken und Milben mit Spinnen verwandt. Manche Skorpione haben einen giftigen Stachel.

Stachel

Skorpion

Schwalbenschwanz

Die Augenflecken auf den Flügeln schrecken Fressfeinde ab.

Nacktschnecke

Tausendfüßer

Krabbeltiere

All diese Krabbeltiere sind keine Insekten. Weißt du warum? Schau nach, ob sie sechs Beine, einen dreigeteilten Körper oder Flügel haben.

Hundertfüßer

Asseln

Regenwurm

Dinosaurier

Dinosaurier sind Echsen, die vor etwa 230 bis 65 Millionen Jahren auf der Erde gelebt haben. Wir kennen sie nur durch Funde von Fossilien.

Fleischfresser

Einige Dinosaurierarten fraßen andere Tiere. *Tyrannosaurus rex* hatte gewaltige Kiefer mit dolchartigen Zähnen. Mit ihnen riss er seine Beute in Stücke.

Zeitalter der Dinosaurier

Man teilt die Zeit der Dinosaurier in drei Abschnitte ein:

Herrerasaurus lebte vor 250 bis 208 Millionen Jahren in der **Trias**.

Stegosaurus lebte vor 208 bis 146 Millionen Jahren im **Jura**.

Iguanodon lebte vor 146 bis 65 Millionen Jahren in der **Kreidezeit**.

Was bedeutet das Wort „Dinosaurier"?

Troodon

Eierschalen

Merkmale

Viele pflanzenfressende Dinosaurier hatten natürliche Abwehrwaffen wie Panzer oder Stacheln. Fleischfresser waren durch Farbe oder Gestalt gut getarnt.

Dinosaurierbabys

Dinosaurier legten Eier. Die Weibchen mancher Arten bauten Nester und versorgten die neugeborenen Jungen. Die kleinen Dinosaurier auf dem Bild sind frisch geschlüpfte *Troodons*.

Styracosaurus griff Feinde mit dem langen Nasenhorn an.

Hypsilophodon konnte sich wahrscheinlich durch seine Farbe gut tarnen.

Corythosaurus könnte mit seinem Kamm Rivalen abgeschreckt haben.

Brachiosaurus erreichte mit dem langen Hals die Blätter der Baumkronen.

Aussterben

Vor ungefähr 65 Millionen Jahren starben die Dinosaurier aus. Eventuell verhungerten sie nach einem Meteoriteneinschlag.

Pflanzenfresser

Viele große Dinosaurier fraßen Pflanzen. Dieser pflanzenfressende *Brachiosaurus* wog so viel wie zwölf Elefanten.

Brachiosaurus

Dieser große Krater entstand durch den Aufschlag eines Meteoriten.

Stegosaurus

Kleinstes Gehirn

Stegosaurus wurde bis zu sechs Meter lang. Das Gehirn des riesigen Pflanzenfressers war aber nicht viel größer als das eines Hunds.

Schreckliche Echse.

Unser Körper

Schau mal in den Spiegel. Was siehst du? Du siehst deinen Körper. Er ist eine einzigartige Maschine. Durch ihn können wir laufen, springen, reden und vieles mehr.

Jeder Mensch hat einen anderen Fingerabdruck.

Sind deine Augen blau, braun, grün oder grau? Oder haben sie eine Mischung aus diesen Farben?

Haare wachsen aus der Haut heraus. Welche Farbe hat dein Haar?

Dein Körper ist mit Haut überzogen. Sie ist stabil und wasserfest.

Kleidung hält uns warm oder kühl.

Mithilfe von Haut und Muskeln kannst du Grimassen schneiden.

88

Wo ist deine Haut am dicksten?

Der Körper

Dein Körper besteht aus vielen verschiedenen Teilen. Ein jedes hat seine spezielle Aufgabe. Wenn alle Teile gut zusammenarbeiten, bist du gesund.

Gehirn

Das Gehirn steuert den gesamten Körper. Über die Nerven sendet es Signale.

Wirbelsäule

Deine beiden Lungenflügel nehmen Sauerstoff aus der Luft auf.

Nieren

Armmuskeln

Das Skelett

Dein Skelett besteht aus mehr als 200 Knochen. Es stützt den Körper und hilft, ihn zu bewegen. Die Knochen schützen auch innere Organe.

Ihre vielen kleinen Knochen machen die Hände zu präzisen Werkzeugen.

Das Blut

Das Blut verteilt Sauerstoff und Nährstoffe im Körper.

Das **Herz** pumpt das Blut durch die Venen und Arterien des Körpers.

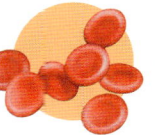
Rote Blutkörperchen nehmen aus der Lunge den Sauerstoff auf.

Weiße Blutkörperchen bekämpfen Krankheiten.

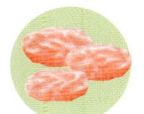
Blutplättchen verschließen schnell kleine Wunden.

Beinmuskeln

Beinknochen

Fußknochen

Was bin ich?

Suche auf den Seiten über den Körper die Fotos, aus denen diese Ausschnitte stammen.

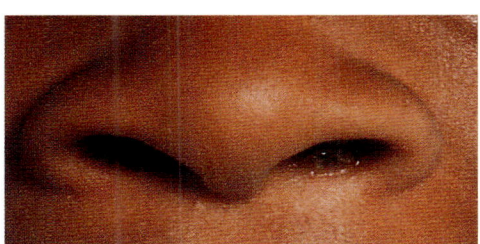

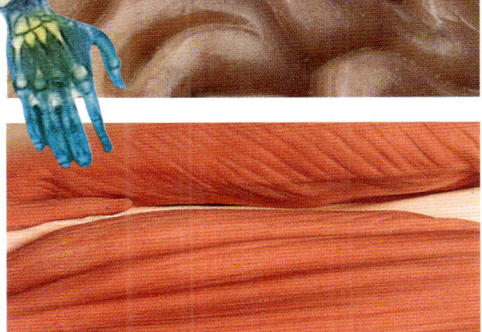

Mehr erfahren
über Lebewesen
S. 64–65
Energie
S. 98–99
Wasser
S. 134–135

An deinen Fußsohlen.

Essen und Verdauen

Damit dein Körper arbeiten kann, braucht er Nahrung. Er spaltet dein Essen in winzige Teile, die in das Blut sickern. Diesen Vorgang nennt man Verdauung.

Der Mund
Im Mund zerkleinern die Zähne das Essen. Der Speichel hilft, Nährstoffe herauszulösen und erleichtert das Schlucken. Beim Schlucken rutscht das Essen durch die Speiseröhre in den Magen.

Zähne

Zunge

Mehr erfahren
über Lebewesen
S. 64–65
Pflanzennahrung
S. 70–71
Energie
S. 98–99

Die Nahrung reist durch eine Reihe von Röhren durch den Körper.

Der Magen
Der Magen ist wie eine elastische Tasche, die sich mit Essen füllt. Im Magen wird die Nahrung mit Verdauungssäften vermischt und durchgeknetet. So entsteht ein dicker Speisebrei.

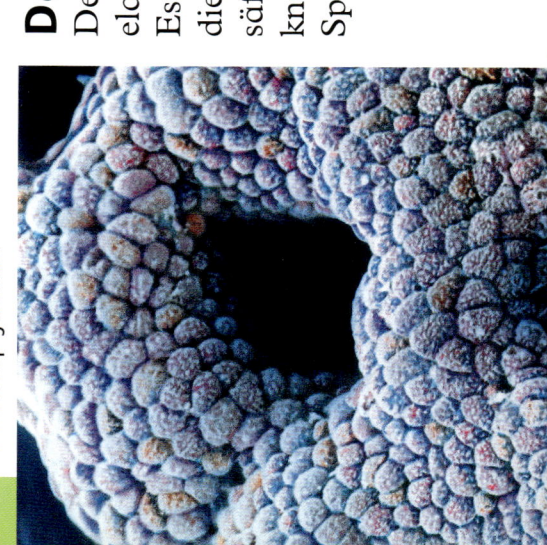

Diese Aufnahme der Magenschleimhaut wurde durch ein Mikroskop gemacht.

Warum macht dein Magen Geräusche?

Der Darm

Aus dem Magen gelangt der Speisebrei in eine lange Röhre. Dies ist der Darm. Die Nährstoffe sickern durch die Wände des Darms ins Blut. Das Blut verteilt die Nährstoffe dann im Körper.

Der Dünndarm

Der Dünndarm ist der schmalere Teil des Darms. Er ist sehr eng, aber so lang wie ein Bus!

Magen

Dünndarm und Dickdarm liegen aufgerollt im Unterleib.

Dünndarm

Dickdarm

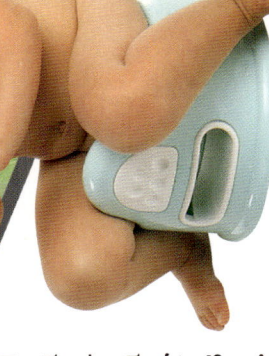

Auf der Toilette scheidest du flüssige und feste Abfallstoffe aus.

Abfälle entsorgen

Abfallstoffe werden vom Dünndarm in den Dickdarm befördert. Hier lagern sie so lange, bis du zur Toilette gehst und sie als Kot ausscheidest.

Es dauert etwa drei Tage, bis eine Mahlzeit das Verdauungssystem durchlaufen hat.

Mund, Magen und Darm bilden mit anderen Organen das Verdauungssystem.

Ausgewogene Ernährung

Um gesund zu bleiben, musst du verschiedene Sachen essen – von allem ein bisschen.

Vitamine in Obst und Gemüse halten den Körper gesund.

Ballaststoffe in Vollkornbrot und Gemüse sind gesund für den Darm.

Fett in Butter, Öl und Käse liefert Energie. Doch zu viel davon ist nicht gut.

Kohlenhydrate in Nudeln, Reis und Brot geben dir viel Energie.

Eiweiß in Milch, Fleisch und Eiern helfen beim Wachsen und Heilen.

Weil du mit dem Essen auch Luft schluckst.

Muskeln und Bewegung

Du kannst laufen und springen und viele andere Bewegungen ausführen. Muskeln und Knochen arbeiten zusammen, damit das möglich ist.

Schädel

Dein Skelett besteht aus mehr als 200 Knochen.

Rippen

Becken

Die Knochen

Unter der Haut kannst du harte Knochen fühlen. Sie sind miteinander verbunden und bilden unser Knochengerüst, das Skelett.

An diesem Skelett erkennt man, wie wir uns beim Laufen bewegen.

Wo im Körper sind die kleinsten Knochen und Muskeln?

Die Muskeln

Das gesamte Skelett ist mit elastischen Muskeln bedeckt. Muskeln und Knochen sind durch Sehnen verbunden. Die Muskeln ziehen an den Knochen. So kannst du dich bewegen.

Du hast ungefähr 640 Muskeln. Sie machen ein Drittel deines Gewichts aus.

Der Trizeps bewegt den Arm, indem er am Knochen zieht.

Viele Muskeln bewegen die Knochen. Andere bewegen die Haut.

Der Bizeps ist gestreckt und entspannt.

Grimassen

Um eine Grimasse zu schneiden, benutzt du viele Muskeln. Du hast mehr als 20 Muskeln in deinem Gesicht.

Beim **Lächeln** ziehen Muskeln die Mundwinkel hoch.

Beim **Stirnrunzeln** ziehen Muskeln die Haut der Stirn in Falten.

Die **Zunge** ist auch ein Muskel. Du kannst sie weit herausstrecken.

Der Bizeps zieht sich zusammen, um den Ellenbogen zu beugen.

Bizeps

Trizeps

Der Trizeps entspannt sich.

So arbeiten die Muskeln

Wenn du den Arm bewegen willst, schickt das Gehirn den Armmuskeln eine Botschaft: Sie sollen sich zusammenziehen. So bewegen sie den Armknochen und damit den Arm.

Muskelaufbau

Muskeln wachsen, wenn du sie wie beim Sport häufig nutzt. Die größten Muskeln des Körpers sind im Gesäß und an den Oberschenkeln.

Besondere Muskeln

Einige Muskeln sorgen dafür, dass du atmest und deine Nahrung verdaust. Das Herz ist auch ein besonderer Muskel: Es pumpt das Blut durch den Körper.

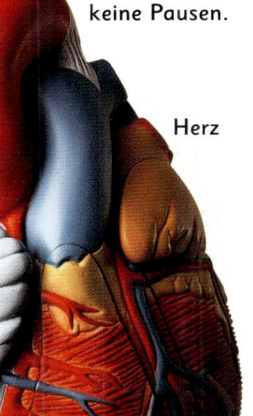

Blutgefäße

Der Herzmuskel ermüdet nie und macht auch keine Pausen.

Herz

Du benutzt das Gehirn zum Denken.

Gehirn und Sinne

Mit deinem Gehirn kannst du denken, fühlen und dich an Dinge erinnern. Es sorgt auch dafür, dass dein Körper richtig funktioniert.

Gehirn
Das Gehirn befindet sich im Kopf. Es ist eine faltige grau-rosa Masse und sieht ein bisschen wie ein Pudding oder wie Gelee aus.

Die harten Knochen deines Schädels schützen das Gehirn.

Nervenfasern verlaufen durch den ganzen Körper.

Nerven
Dein Gehirn ist über Nerven mit dem Körper verbunden. Die Nerven übermitteln Nachrichten zwischen Gehirn und Körper.

Dein Gehirn wiegt ungefähr so viel wie zwölf Äpfel.

Das Gehirn lässt dich Schmerz fühlen, wenn du dich in den Finger stichst.

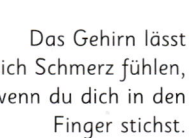

Reflexe
Wenn du dich an einem Rosendorn stichst, lassen deine Nerven dich sofort die Hand wegziehen. Diese schnelle Handlung nennt man Reflex.

Haben kluge Leute ein größeres Gehirn?

Die Sinne

Durch Sehen, Hören, Riechen, Schmecken und Tasten weißt du, was um dich herum vorgeht. Diese Fähigkeiten nennt man Sinne.

Sehen

Besondere Zellen in deinen Augen nehmen Licht wahr. Über Nerven benachrichtigen sie dein Gehirn. Dies sagt dir, was du siehst.

Hören

Deine Ohren fangen laute und leise Geräusche auf. Nerven übermitteln die Informationen über diese Geräusche an dein Gehirn.

Riechen

Nerven im Inneren deiner Nase sagen dir, was du riechst. Dieser Schuh stinkt schrecklich, andere Dinge duften gut.

Schmecken

Du schmeckst mit der Zunge. Sie ist mit winzigen Erhebungen, den Geschmacksknospen, besetzt, die den Geschmack deines Essens feststellen.

Tasten

Nerven in deiner Haut sagen dir, ob etwas hart, weich, heiß oder kalt ist. Sie lassen dich Schmerz spüren und warnen so vor Gefahr.

Brauner Zucker

Wein-trauben

Spaghetti

Weißt du, ohne hinzuschauen, was du gerade berührst?

Nein. Das Gehirn ist bei allen Menschen ungefähr gleich groß.

Wissenschaft

Naturwissenschaften wie Biologie, Physik und Chemie helfen uns die Welt besser zu verstehen. Mit ihrer Hilfe können wir Medikamente herstellen, mehr Nahrungsmittel anbauen oder die Umwelt schützen.

Rotes Blutkörperchen

Weißes Blutkörperchen

Blutkörperchen durch ein Mikroskop gesehen

Durch ein Mikroskop können Wissenschaftler winzige Dinge wie Blutkörperchen untersuchen.

Mikroskop

So arbeiten Wissenschaftler

Wissenschaftler müssen sehr sorgfältig arbeiten. Sie überlegen sich zuerst, wie etwas funktionieren könnte. Das ist die Theorie. Dann prüfen sie durch Experimente, ob die Theorie stimmt.

Wissenschaftliche Experimente

Bei ihren Experimenten messen und beobachten Wissenschaftler alles sehr genau. Sie prüfen, ob die Ergebnisse ihre Theorien bestätigen oder aber auf neue Lösungsmöglichkeiten hinweisen.

Wie nennt man einen Wissenschaftler, der Dinosaurier erforscht?

Fest oder flüssig

Laut einer wissenschaftlichen Theorie bestehen alle Dinge aus winzigen Teilchen.

Feste Stoffe ändern ihre Form nicht, weil ihre Teilchen fest zusammenhängen.

Flüssigkeiten fließen, weil ihre Teilchen nur leicht zusammenhängen.

Gase füllen jeden Raum aus, weil sich ihre Teilchen frei bewegen können.

Wissenschaftliche Theorien

Wissenschaftler haben bereits Tausende von Theorien erdacht und geprüft. Um 1660 entwickelte Isaac Newton eine Theorie darüber, warum Dinge nach unten fallen: die Theorie der Schwerkraft.

Die Schwerkraft zieht alles zur Erde hin.

Die Schwerkraft bewirkt, dass ein Apfel zu Boden fällt.

Die Schwerkraft lässt den Apfel immer schneller fallen.

Schwerkraft

Was bin ich?

Suche auf den Seiten „Natur und Technik" die Fotos, aus denen diese Ausschnitte stammen.

Berühmte Wissenschaftler

Wissenschaftler, die große Entdeckungen machten, wurden weltberühmt. Albert Einstein (1879–1955) ist wohl der berühmteste von allen. Seine Theorien halfen den Menschen das Universum zu verstehen.

Albert Einstein war ein genialer Physiker und Mathematiker.

Mehr erfahren

über Kräfte
S. 106–107
das Weltall
S. 140–141
Weltraumforscher
S. 154–155

Einen Paläontologen.

Energie

Wenn du nichts essen würdest, hättest du nicht genug Energie, um zu spielen, um wach zu bleiben oder auch nur um zu denken. Ohne Energie funktioniert nichts.

Ein schwerer Achterbahnwagen hat viel Bewegungsenergie.

Wärme ist eine Form von Energie. Wärmeenergie gart die Speisen.

Licht ist eine Form von Energie. Dieses Licht kommt von Glühbirnen.

Je schneller sich etwas bewegt, desto mehr Bewegungsenergie hat es.

Bewegungsenergie

Dinge, die sich vor- oder rückwärts, auf- oder abwärts bewegen, haben durch diese Bewegung Energie. Dies ist die Bewegungsenergie.

Formen von Energie

Es gibt verschiedene Formen von Energie. Die Wärme eines Feuers, das Licht einer Lampe, der Klang einer Glocke und auch das Wehen des Winds sind alles Formen von Energie.

Brennstoffe

Holz, Benzin und Kohle sind Brennstoffe. Alle enthalten Energie, die freigesetzt werden kann. Die Energie, die in Benzin steckt, lässt Autos fahren.

Ein Auto aufzutanken bedeutet, es mit Energie zu füllen.

Durch die Energie, die dir das Frühstück gibt, kannst du weit laufen.

Orangensaft

Milch

Getreide

Apfel

Nüsse und Rosinen

Schokolade

Energie wird im Körper als Fett gespeichert.

Die Muskeln verwandeln Energie in Bewegung.

Essen als Brennstoff

All diese Lebensmittel enthalten gespeicherte Energie. Ein Apfelbaum wächst dank der Energie des Sonnenlichts. Ein Teil dieser Energie ist in den Äpfeln gespeichert.

Gespeicherte Energie

Nahrung ist Brennstoff für den Körper. Wenn wir essen, speichert unser Körper Energie. Sie wird freigesetzt, wenn wir sie brauchen.

Energie umwandeln

Energie kann von einer Form in die andere umgewandelt werden. Hier einige Beispiele:

 **Elektromotoren** wandeln elekrische Energie in Bewegungsenergie um.

 **Glühbirnen** wandeln elektrische Energie in Lichtenergie um.

 **Solarzellen** verwandeln Lichtenergie der Sonne in elektrische Energie

 **Trommeln** verwandeln Bewegungsenergie vom Schlagen in Schallenergie.

 **Lautsprecher** wandeln elektrische Energie in Schallenergie um.

Energie sparen

Ein Haus im Winter zu heizen kostet viel Energie. Indem man den Dachboden mit Dämmmaterial auslegt, hält man die Wärme im Haus und kann so Energie sparen.

Elektrizität

Was passiert, wenn man ein Radio oder einen Computer einschaltet? Elektrizität beginnt zu fließen und bringt das Gerät zum Arbeiten.

Kraftwerke

In Kraftwerken werden Kohle, Gas oder Öl verbrannt und die entstandene Wärme in Strom umgewandelt. Elektrizität kann aber auch durch erneuerbare Energiequellen wie Sonne, Wind oder Wasser erzeugt werden.

Strom für zu Hause

Elektrizität fließt durch Kabel zu den Häusern. Die Kabel können zwischen Masten gespannt oder unter der Erde verlegt sein.

Elektrizität fließt im Kupferkabel.

Plastik umschließt das Kabel.

Leiter und Nichtleiter

Elektrokabel sind aus Metall und von Plastik umhüllt. Der Strom fließt im Metall: Es ist ein Leiter. Das Plastik sichert das Kabel: Es ist ein Nichtleiter.

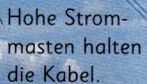

Hohe Strommasten halten die Kabel.

Elektrizität ist sehr gefährlich. Man darf nicht damit spielen.

Welche Art von Elektrizität sieht man bei einem Gewitter am Himmel?

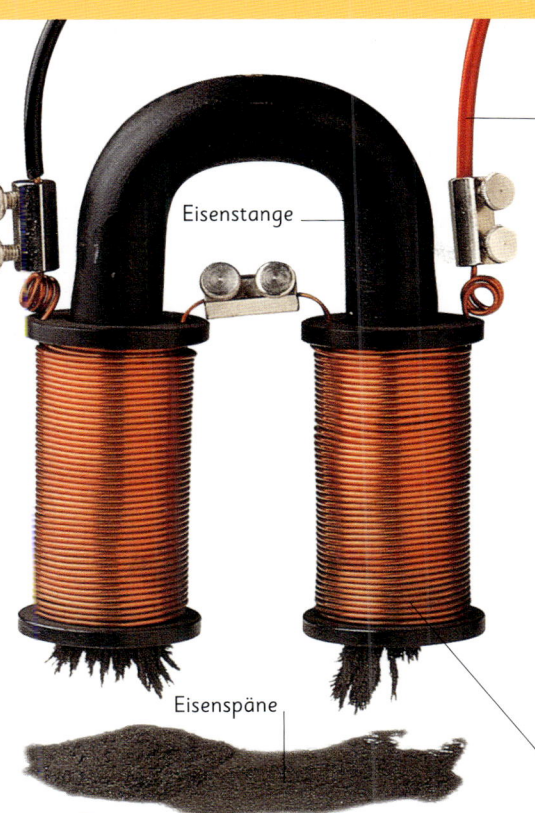

Drähte leiten Strom von einer Batterie zum Elektromagneten.

Eisenstange

Elektromagneten

Eine Drahtrolle, um die herum Elektrizität fließt, nennt man Elektromagnet. Der Elektromagnet zieht wie ein gewöhnlicher Magnet Metall an. Motoren enthalten Elektromagneten.

Eisenspäne

Die Eisenstange ist mit Draht umwickelt.

Elektrizität erzeugen

Elektrizität entsteht durch Kohle, Gas und Öl oder durch die Energie von Sonne, Wind und Wasser.

Wasserkraftwerke verwandeln die Energie aus fließendem Wasser in Elektrizität.

Solarzellen erzeugen aus der Energie des Sonnenlichts Strom.

Windturbinen nutzen die Kraft des Winds, um Strom zu erzeugen.

Wellenkraftwerke wandeln die Kraft von Wellen in Elektrizität um.

Draht

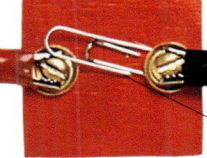

Der Schalter schließt den Stromkreis und die Elektrizität fließt.

Stromkreise

Elektrizität fließt nur in geschlossenen Stromkreisen. Wenn dieser elektrische Schaltkreis geschlossen ist, leuchten die beiden Lämpchen.

Die Elektrizität, die in diesem Stromkreis fließt, kommt aus zwei Batterien.

Krokodilklammer

Eine Glühbirne verwandelt den Strom in Licht.

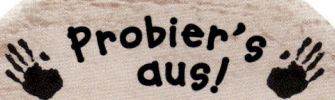

Probier's aus!

Reibe einen Luftballon eine Weile an deiner Kleidung. Er bleibt an dir kleben, weil er mit statischer Elektrizität aufgeladen ist.

Die Batterie hat Elektrizität gespeichert und gibt sie dann in den Stromkreis ab.

Licht und Farbe

Wir können nur deshalb Dinge sehen, weil Licht in unsere Augen einfällt. Licht leuchtet in vielen verschiedenen Farben.

Lichtstrahlen

Licht reist in Form von geraden Strahlen. Es kann daher nicht um die Ecke scheinen. Dinge, die sich den Lichtstrahlen in den Weg stellen, werfen Schatten.

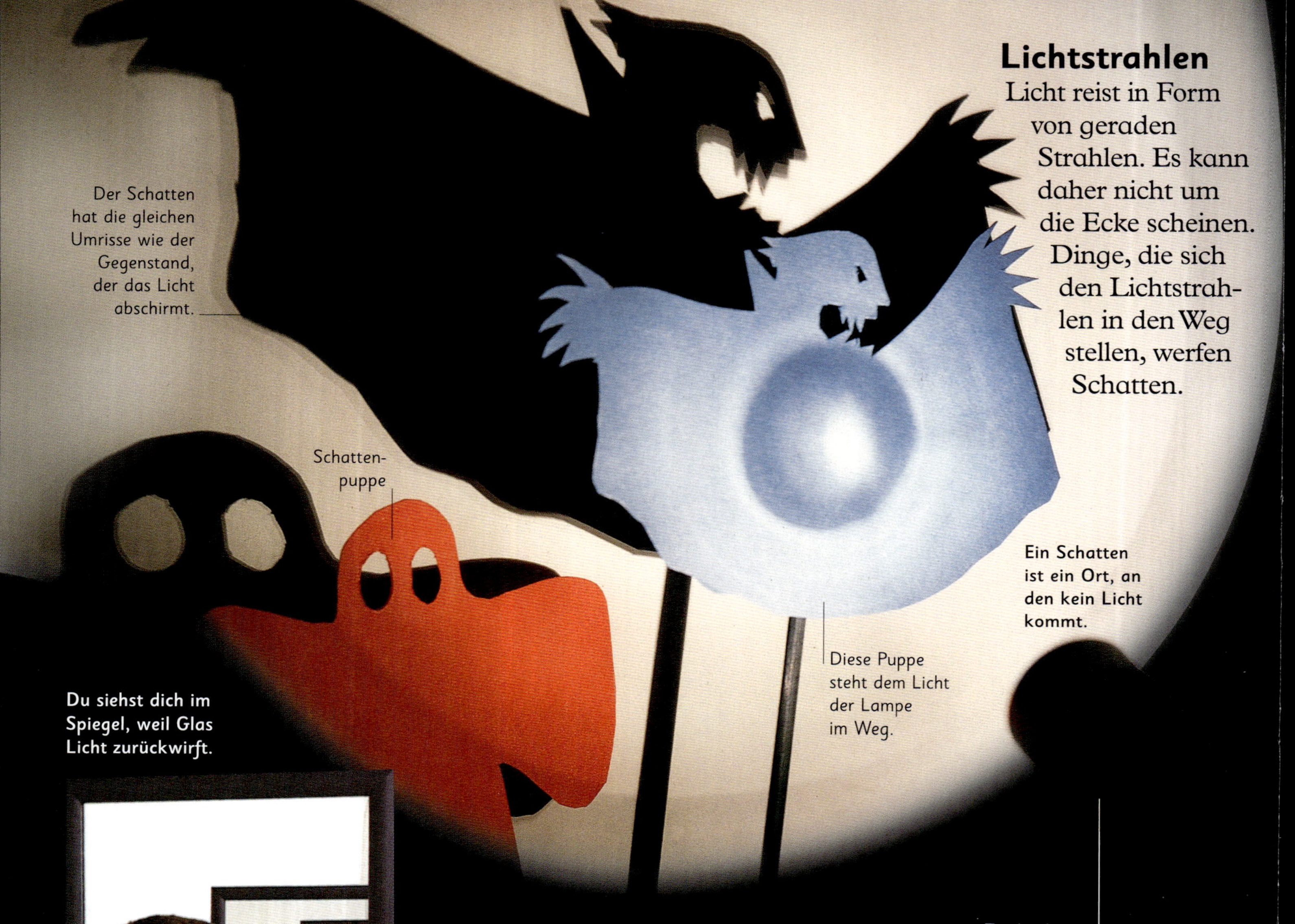

Der Schatten hat die gleichen Umrisse wie der Gegenstand, der das Licht abschirmt.
Schatten-puppe
Ein Schatten ist ein Ort, an den kein Licht kommt.
Diese Puppe steht dem Licht der Lampe im Weg.
Taschenlampe

Du siehst dich im Spiegel, weil Glas Licht zurückwirft.

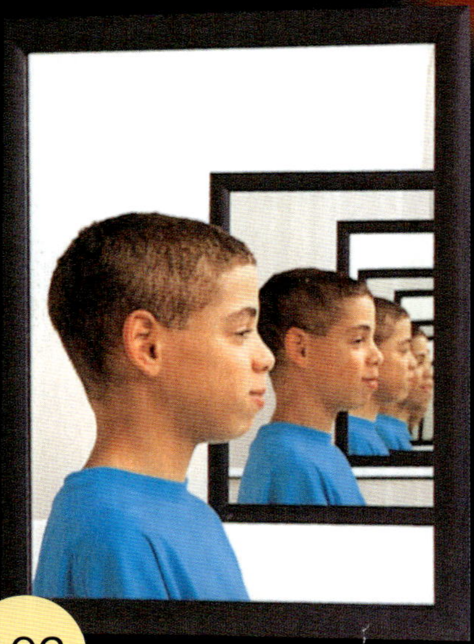

Abgeprallltes Licht

Wir sehen Dinge deshalb, weil das Licht von ihnen abprallt und in unsere Augen einfällt. Die Augen informieren das Gehirn.

Lichtquellen

Das meiste Licht, das wir sehen, kommt von der Sonne. Glühbirnen brauchen Elektrizität, um Licht zu erzeugen.

Was bewegt sich am schnellsten durch das Universum?

Farben mischen

Wenn man zwei Farben mischt, erhält man eine neue Farbe. So kann man aus nur wenigen Farben viele verschiedene Farben herstellen.

Blau

Rot

Gelb

Rot, Gelb und Blau bezeichnet man als Primärfarben.

Farben im Licht

Das Licht der Sonne besteht aus verschiedenen Farben. Bei einem Regenbogen wird das Sonnenlicht durch den Regen reflektiert und man kann die einzelnen Farben erkennen.

Licht brechen

Wenn Lichtstrahlen auf eine Glasoberfläche treffen, werden sie gebrochen und verändern ihre Richtung. Eine Lupe lässt so Dinge größer aussehen, als sie sind.

Probier's aus!

Mach dir einen Regenbogen! Stell dich im Garten mit dem Rücken zur Sonne und spritze mit dem Gartenschlauch Wasser in die Luft. Wie viele Farben siehst du?

Farben nutzen

Menschen, Pflanzen und Tiere nutzen Farben auf vielerlei Arten.

Rot warnt vor Gefahr, wie dieses dreieckige Straßenschild zeigt.

Bei **Grün** ist alles in Ordnung. Du kannst über die Straße gehen.

Die **gelbe** Haut des Froschs warnt andere Tiere, dass er giftig ist.

Bunte Federn helfen Vögeln wie diesem Lori, einen Partner zu finden.

Mit ihren **leuchtenden Farben** ziehen Blüten Insekten und Vögel an.

Lupe

Blauer Morphofalter

Durch die Lupe sieht man die Flügel des Falters vergrößert.

103

Das Licht. Es legt in einer Sekunde 300 000 Kilometer zurück.

Schall

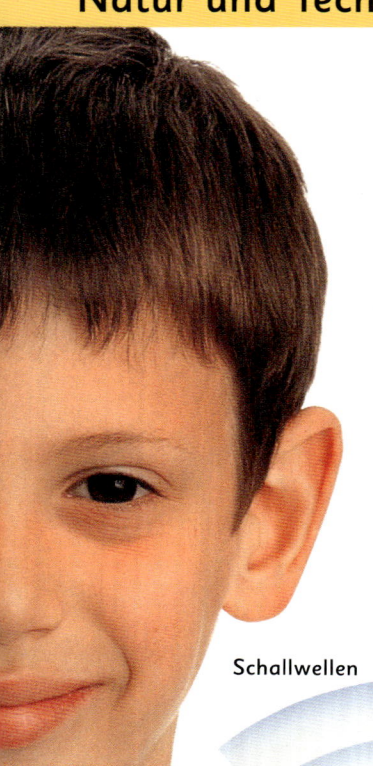

Den ganzen Tag hören wir natürliche Geräusche, wie das Rauschen des Winds, und andere, wie das laute Motorengeräusch von Autos oder Flugzeugen.

Lautstärke

Lautstärke misst man in Dezibel. Großer Lärm kann den Ohren schaden.

Fallendes Laub erzeugt ein raschelndes Geräusch von etwa 20 Dezibel.

Beim normalen **Sprechen** werden 60 Dezibel gemessen, beim Flüstern 30.

Staubsauger sind 60 bis 80 Dezibel laut.

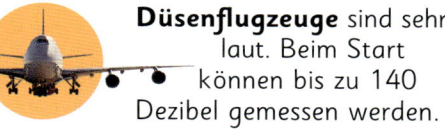

Düsenflugzeuge sind sehr laut. Beim Start können bis zu 140 Dezibel gemessen werden.

Schallwellen

Schall erzeugen

Schall entsteht, wenn Dinge sich sehr schnell bewegen (vibrieren). Durch diese Vibrationen wird die Luft in Bewegung versetzt. Die Bewegung verbreitet sich in Schallwellen, die von den Ohren aufgenommen werden können.

Schläge auf ein Blech lassen es vibrieren.

Bei Schlaginstrumenten prallen Teile gegeneinander.

Schlaginstrumente

Ein Saiteninstrument hat vibrierende Saiten.

Laut und leise

Starke Bewegungen der Luft haben viel Energie. Sie hören sich laut an. Schwache Bewegungen haben weniger Energie und sind leiser.

Das Blech überträgt die Schallwellen auf das Papier. Die Zuckerkörnchen springen.

Was bringt die Saiten einer Geige zum Vibrieren?

Mit den großen Ohren fangen Fledermäuse das Echo auf.

Hufeisennase

Schallgeschwindigkeit

Schall bewegt sich mit 1200 Stundenkilometern durch die Luft. Flugzeuge, die sich schneller bewegen, nennt man Überschallflugzeuge. Wenn sie die Schallmauer durchbrechen, erzeugen sie einen Überschallknall. Diese Lockheed fliegt sogar doppelt so schnell wie der Schall.

Abgeprallter Klang

Ein Echo entsteht, wenn Schall von Haus- oder Felswänden zurückgeworfen wird. Dann hört man den Schall zweimal. Fledermäuse senden hohe Töne aus. Anhand des Echos messen sie Entfernungen.

Die Lockheed Martin F-35 ist ein amerikanisches Kampfflugzeug.

Blasinstrumente

Trommeln sind Schlaginstrumente.

Mehr erfahren

über Musik
S. 34–35
Säugetiere
S. 74–75
Gehirn und Sinne
S. 94–95

Hohe und tiefe Töne

Schnelle Vibrationen erzeugen hohe Töne wie etwa ein Pfeifen. Langsame Vibrationen erzeugen tiefe Töne wie ein Brüllen.

Blasinstrumente erzeugen Töne durch das Vibrieren der Luft in einem Rohr.

Tiere und Laute

Auch viele Tiere verständigen sich durch Laute. Manche Tiere hören Geräusche, die wir nicht hören können. Hunde z.B. können sehr hohe Laute hören.

Kräfte und Bewegung

Eine Kraft ist ein Zug oder Schub. Wenn
du eine Tür aufziehst oder zudrückst, deine
Schultasche hebst oder in die Pedalen deines
Fahrrads trittst, erzeugst du Kraft.

Dinge bewegen

Kräfte beeinflussen Bewegungen.
Eine Kraft kann einen Gegenstand in
Bewegung versetzen oder anhalten,
sie kann ihn schneller oder langsamer
werden lassen.

Waagen messen,
wie stark die
Schwerkraft einen
Gegenstand nach
unten zieht.

Die Schwerkraft der Erde zieht den Mond an
und verhindert, dass er ins All hinaustreibt.

Apfel

Dieses Mädchen
schwingt in der
Schaukel vor
und zurück, weil
Kräfte sie ziehen
und schieben.

Schwerkraft
und Gewicht

Wenn du hochspringst, zieht
dich eine Kraft auf den Boden
zurück. Diese Kraft nennt man
Schwerkraft. Die Schwerkraft der Erde
zieht alles an, was in ihrer Reichweite ist.
So gibt sie allen Dingen ihr Gewicht.

Warum wiegt auf dem Mond alles weniger als auf der Erde?

Biegen und Dehnen

Kräfte können Dinge biegen, dehnen und deren Form verändern. Wenn du an einem Gummiband ziehst, wird es länger. Drückst du eine Spirale zusammen, wird sie kürzer.

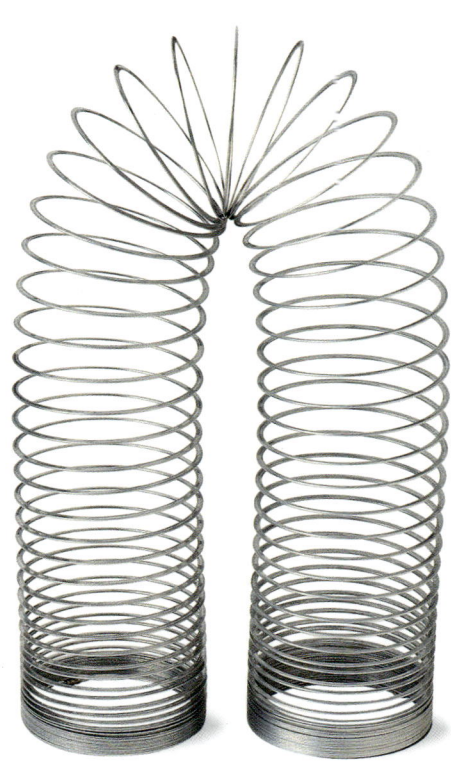

Metallspirale

Magneten ziehen Gegenstände aus Metall an.

Magneten

Magneten erzeugen Kräfte ohne etwas zu berühren. Alle Magneten haben zwei Enden: einen Nord- und einen Südpol. Zwei gleiche Pole stoßen sich gegenseitig ab.

Mit Kräften bewegen wir Dinge.

Druck

Druck verteilt sich auf einer Fläche. Die Spitze ist viel kleiner als der Kopf der Reißzwecke. Deswegen ist der Druck an der Spitze stärker als am Kopf und lässt die Reißzwecke eindringen.

Zwischen Schuhen und Boden wirkt auch eine Kraft: die Reibung. Sie verhindert, dass die Schuhe rutschen.

Probier's aus!

Es wirken immer zwei Kräfte gegeneinander. Binde ein Seil um einen Baum und ziehe daran. Je stärker du ziehst, desto stärker spürst du den Widerstand.

Weil die Schwerkraft auf dem Mond schwächer ist.

Industrie

Lebensmittel, Kleidung oder Computer – vieles, was wir täglich brauchen, wird von der Industrie hergestellt. Es wird mithilfe von Maschinen gewonnen oder in Fabriken erzeugt und bearbeitet.

Ein Bauarbeiter auf einer Baustelle

Beim Bau von Gebäuden wird oft Stahl verwendet.

Wichtige Industrien

Dies sind einige der wichtigsten Industrien der Erde. Sie stellen Dinge her, die wir täglich brauchen.

Die **verarbeitende Industrie** stellt Maschinen, Geräte und Kleidung her.

Die **Bergbauindustrie** baut Kohle und Erze für die Metallgewinnung ab.

Die **Erdölindustrie** verarbeitet Brennstoffe wie Erdöl und Gas.

Die **Bauindustrie** errichtet Wohnhäuser, Wolkenkratzer, Brücken und Tunnel.

Die **Nahrungsmittelindustrie** und die **Landwirtschaft** erzeugen Lebensmittel.

Eisen- und Stahlindustrie

Eisen und Stahl sind sehr wichtige Materialien, die in vielen Industriezweigen verwendet werden. Jedes Jahr werden aus Eisenerz Millionen Tonnen Eisen und Stahl hergestellt.

Wer erfand die erste mechanische Rechenmaschine?

Kommunikation

Vieles wurde erfunden, damit sich die Menschen untereinander besser verständigen können. Telefone und das Internet sind moderne Kommunikationsmittel.

In diese Sprechmuschel spricht man hinein.

Dies ist der Hörer, den man ans Ohr hält.

Moderner Kleinwagen

Telefon von 1920

Durch neue Entwicklungen werden Automotoren immer stärker und es treten weniger Störungen auf.

Fortbewegungsmittel

Dieselmotoren, Düsenflugzeuge und Luftkissenfahrzeuge waren wichtige Erfindungen, die das Reisen schneller und bequemer machten.

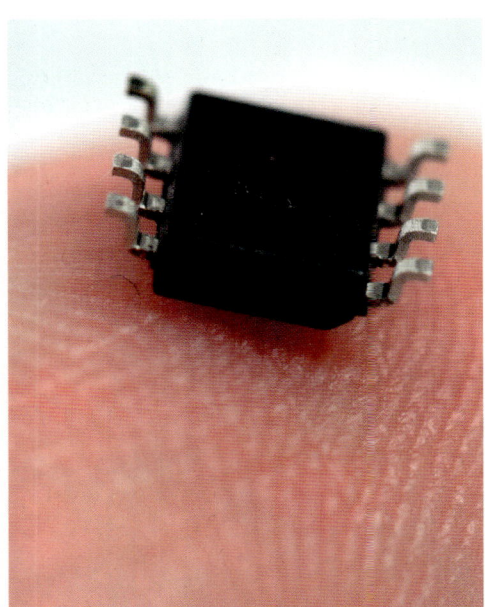

Der Mikroprozessor

Mikroprozessoren sind winzige elektronische Schaltkreise. Ohne sie gäbe es keine Computer, Spielkonsolen, Smartphones oder andere elektronische Geräte.

Was bin ich?

Suche auf den Seiten über Fahrzeuge und Technik die Fotos, aus denen diese Ausschnitte stammen.

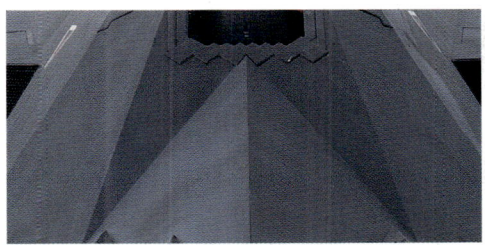

Mehr erfahren
über die Frühzeit
S. 46–47
Bodenschätze
S. 130–131
Raumfahrt
S. 152–153

Der englische Mathematiker Charles Babbage entwarf 1837 die erste Rechenmaschine.

Autos, Lastwagen und Züge

Autos, Lastwagen und Züge sind Transportmittel, die Menschen und Güter befördern. Sie haben einen Motor und fahren auf Straßen oder auf Schienen.

Erste Autos
Die ersten Autos hatten kein Dach und fuhren sehr langsam. Ein Mann ging vorneweg und warnte die Menschen, aus dem Weg zu gehen.

Ford Modell T

Bei diesem Auto befindet sich der Motor im hinteren Teil.

Der Motor befindet sich normalerweise unter der Motorhaube.

Karosserie aus Metall

Lamborghini Miura

Reifen aus Gummi geben sichere Haftung.

Moderne Autos
Unsere heutigen Autos haben starke Motoren und stabile Karosserien aus Metall. Jährlich werden Millionen neuer Autos gebaut.

Fahrerkabine mit Armaturenbrett

Heckspoiler

Die stabile Karosserie schützt den Fahrer.

Breite Reifen

Frontspoiler

Rennwagen
Dieser Rennwagen erreicht über 300 Stundenkilometer. Seine breiten Reifen bewahren ihn davor, in der Kurve zu schleudern.

Welcher ist der schnellste Personenzug der Erde?

Autotypen

Autos gibt es in den unterschiedlichsten Formen und Größen.

Oldtimer sind Modelle, die nicht mehr hergestellt werden. Manche sammeln sie.

Monstertrucks sind Kleinlastwagen mit riesigen Reifen.

Limousinen sind lange Luxusautos mit bequemen Sitzen.

Elektroautos fahren mit einem Elektromotor.

Der Eurostar-Hochgeschwindigkeitszug fährt im Kanaltunnel zwischen Großbritannien und Frankreich.

Züge

Züge fahren auf Schienen. Die ersten Züge hatten Dampfmotoren. Moderne Züge werden von Elektro- oder Dieselmotoren angetrieben.

Diese Lok wurde vor etwa 200 Jahren gebaut, um Waggons in Bergwerken zu ziehen.

Der Lastwagen hat einen Anhänger mit Plane.

Schlafkabine des Fahrers

Große Lastwagen

Die größten Lastwagen nennt man Sattelschlepper. Die Zugmaschine zieht einen Anhänger, mit dem sie durch eine Deichsel verbunden ist.

Das Gewicht ist auf viele Reifen verteilt.

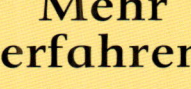

Mehr erfahren
über Energie
S. 98–99
Industrie
S. 108–109
Technik
S. 116–117

Flugmaschinen

Flugzeuge gibt es erst seit etwa 110 Jahren. Heute befördern sie täglich Millionen von Passagieren an Ziele auf der ganzen Erde.

Der Pilot steuert den Drachen durch Gewichtsverlagerung.

Die Tragfläche ist aus Kunststoff.

Stabile Gurte

Hängegleiter

Gleiter

Ein Hängegleiter ist ein Flugzeug ohne Motor. Er gleitet auf aufsteigender Luft. Der Pilot hängt an Gurten in einem Beutel.

Wright Flyer

Das erste Flugzeug

1903 bauten die Wright Brüder das erste steuerbare Motorflugzeug. Der sogenannte *Wright Flyer* war ein Doppeldecker, das heißt er hatte zwei Paar Flügel.

Turbinendüse

Der Rumpf ist eine Metallröhre.

Notausstieg

Leitwerk

Tragfläche

Fahrwerk

Hubschrauber

Ein Hubschrauber kann vorwärts, rückwärts, seitwärts und sogar auf der Stelle fliegen. Hubschrauber fliegen oft Rettungseinsätze.

Der Rotor hebt den Hubschrauber senkrecht in die Höhe.

Rotorblatt

Cockpit

Kennnummer

G-BSUP

Heckausleger

Landekufen

Militärflugzeuge

Die Luftstreitkräfte aller Länder haben Kampfflugzeuge, Aufklärer und Transportflugzeuge. Diese Lockheed F-117 ist ein sogenannter Tarnkappenbomber.

Die Lockheed ist mit Gewehren und Raketen bewaffnet.

Der Pilot sitzt im Cockpit.

Nase

Tür

Wegen seiner Form erkennen Radaranlagen den Tarnkappenbomber nur schwer.

Flugzeugtypen

Es gibt verschiedene Flugzeugtypen, die für unterschiedliche Aufgaben gebaut sind.

Leichtflugzeuge sind klein und werden oft von Freizeitpiloten geflogen.

Überschallflugzeuge können schneller fliegen als der Schall.

Wasserflugzeuge haben anstelle eines Fahrwerks Schwimmer.

Transportflugzeuge haben einen großen Laderaum für ihre Fracht.

Start und Landung

Auf einer Startbahn beschleunigen Flugzeuge, bis sie schnell genug sind, um abzuheben. Zum Landen verringern sie die Geschwindigkeit und fahren das Fahrwerk aus.

Mehr erfahren

über Vögel
S. 82–83

Luft
S. 132–133

Raumfahrt
S. 152–153

Turbinendüse

Zeppelin – nach seinem Erfinder Graf Zeppelin.

Das Schiff wird von der erhöhten Brücke aus gesteuert.

Schiffe und Boote

Es gibt viele verschiedene Schiffe und Boote. Linienschiffe und Fähren befördern Passagiere. Frachter transportieren Waren. Sie fahren mit Ruder, Segel oder Motor.

Schiffe

Dies ist ein Containerschiff. Es transportiert Hunderte von Frachtcontainern. Den Körper des Schiffs nennt man Rumpf. Der Rumpf hat mehrere Ebenen: die Decks.

Container

Der schmale Bug schiebt sich durch das Wasser.

Schlepper

Ein Schlepper ist ein kleines Schiff mit einem starken Motor. Es zieht große Schiffe in den Hafen und wieder hinaus.

Mehr erfahren

über Meere
S. 8–9
Sport und Freizeit
S. 40–41
Entdecker
S. 60–61

Was ist ein Katamaran?

Wasserfahrzeuge

Auf dem Wasser kann man sich mit sehr unterschiedlichen Fahrzeugen fortbewegen.

Fischerboote ziehen große Fangnetze durch das Wasser.

Rettungsboote laufen aus, um Menschen in Seenot zu bergen.

Hovercrafts schweben auf einem Luftkissen über die Wasseroberfläche.

Jetskis sind schnelle, wendige Freizeitboote.

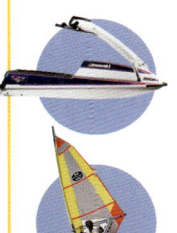

Surfbretter haben einen Mast und ein Segel, wie ein kleines Segelboot.

Spinnaker

Segelboote

Wenn Wind bläst, kann man segeln gehen. Der Wind drückt gegen die Segel und schiebt das Boot vorwärts. Dieses Boot ist eine große Rennjacht. Das vordere große, dreieckige Segel nennt man Spinnaker.

Der Großteil des U-Boots bleibt unter Wasser.

Kommandoturm

U-Boote

Ein U-Boot ist ein militärisches Schiff, das unter Wasser fährt. Es hat große Tanks, die mit Luft gefüllt werden, wenn es wieder auftauchen soll.

Tauchboote

Mit Tauchbooten erforschen Wissenschaftler die Tiefsee und den Meeresboden. Dieses Tauchboot heißt *Deepstar*. Es kann über 1200 Meter tief tauchen.

Kriegsschiffe

Diesen Typ von Kriegsschiff nennt man Fregatte. Es ist mit Kanonen und Torpedos bewaffnet. Im hinteren Teil befindet sich ein Landedeck für Hubschrauber.

Aus dem Kamin kommen Auspuffgase des Motors.

Die Radaranlage spürt andere Schiffe und Flugzeuge auf.

Der drehbare Geschützturm kann in alle Richtungen feuern.

F174

Ein Boot mit zwei Rümpfen.

Technik

Menschen, die komplizierte Dinge wie Maschinen oder Wolkenkratzer entwerfen und bauen, nennt man Ingenieure. Sie müssen gut in Mathematik und Naturwissenschaften sein.

Bauarbeiten am Empire State Building in New York (um 1930)

Baumaterial

Für Bauwerke, die starke Belastung aushalten müssen, wird besonders widerstandsfähiges Material verwendet. Der Mann auf diesem Foto arbeitet am Stahlrahmen eines Wolkenkratzers.

Maschinenbau

Das Entwerfen und Herstellen von Maschinen und Maschinenteilen nennt man Maschinenbau. Ingenieure sind Fachleute auf dem Gebiet der Technik. Sie reparieren auch kaputte Maschinen.

Luftfahrtingenieure bauen Flugzeuge wie dieses.

Mehr erfahren

über große Städte
S. 22–23
die Römer
S. 52–53
Industrie
S. 108–109

Die Forth-Eisenbahnbrücke in Schottland wurde 1883 erbaut.

Starke Pfeiler stützen die Brücke.

Wie nennt man die Brücken, über die die alten Römer Wasser leiteten?

Fließbandarbeit

Maschinenteile werden oft von anderen Maschinen hergestellt und zusammengesetzt. Dies ist ein Fließband in einer Autofabrik. Roboter schweißen und lackieren die Autos.

Weltraumtechnik

Astronauten reparieren im Weltall Satelliten und Raumstationen. Das ist nicht leicht, denn die Teile schweben im Weltraum umher und die Astronauten müssen sperrige Raumanzüge tragen.

Roboter schweißen die Autoteile mit Schweißbrennern.

Computerentwürfe

Wenn Dinge am Computer entworfen werden, nennt man das computerunterstütztes Konstruieren (CAD). Der Computer zeigt, wie der fertige Gegenstand aussehen wird.

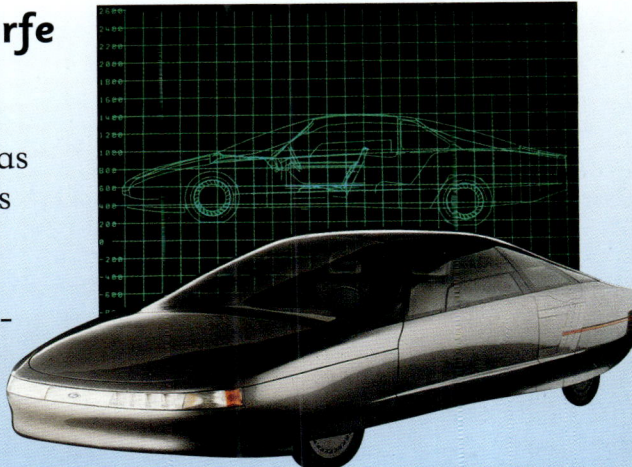

Diese Grafik zeigt den Grundriss eines Autos.

Bauwesen

Das Bauwesen befasst sich mit dem Entwerfen und Bauen von Straßen, Schienen, Brücken, Tunneln, Dämmen und Hochhäusern. Häufig verwendet man dafür Stahl und Beton.

Die Brücke besteht aus dicken Stahlrohren.

Züge fahren auf Schienen über die Brücke.

117

Aquädukte.

Maschinen und Computer

Maschinen helfen uns, Arbeit zu erledigen. Es gibt sehr einfache Maschinen, wie eine Schere, und sehr komplizierte Maschinen, wie Computer.

Kranführerkabine

Der Arm des Krans ragt über die Baustelle.

Einfache Maschinen

Diese einfache Maschine ist ein Schaduf. Er besteht aus einem Hebel, an dem ein Eimer hängt. Die Bauern bewässern damit ihre Felder. Auch Dosenöffner und Zangen sind einfache Maschinen.

Mit dem Schaduf schöpfen ägyptische Bauern große Mengen Wasser aus dem Nil.

probier's aus!

Lege ein Lineal quer über einen Bleistift. Drückst du ein Ende leicht runter, kippt das andere hoch. So funktioniert ein Hebel, mit dem man Lasten heben kann.

Dieser Bagger gräbt einen Graben für ein langes Rohr.

Ein Kran hebt und bewegt schwere Lasten.

Dicke Reifen

Welche Maschine zieht einen Pflug auf dem Feld?

Die ersten Computer

Die ersten Computer wurden um 1940 gebaut. Sie waren sehr groß. Manche füllten einen ganzen Raum. Trotzdem kann ein moderner Taschenrechner heute mehr als sie.

Der ENIAC war einer der ersten Computer. Er wurde 1946 fertiggestellt.

Computer

Ein Computer ist eine Maschine, die eine große Menge an Informationen speichern und diese Daten extrem schnell verarbeiten kann. Computer sind heute aus unserem Alltag nicht mehr wegzudenken.

Auf dem Monitor werden Computerdaten sichtbar.

Laptop

Ein Tablet lässt sich durch Berührung des Bildschirms steuern.

Computerzubehör

Mit diesen Teilen kann man Computer bedienen und Daten bearbeiten.

 Der **Computermonitor** ist ein Bildschirm, der Text und Bilder anzeigt.

 Mit **Maus** und **Tastatur** steuert man einen Computer.

 Ein **Scanner** verwandelt Bilder in Computerdaten, die man bearbeiten kann.

 Ein **Drucker** überträgt Wörter und Bilder vom Computer auf Papier.

Staubsaugerroboter

Baumaschinen

Auf einer Baustelle kannst du vielen großen Maschinen bei der Arbeit zusehen. Bagger graben große Löcher und Kräne bewegen schwere Lasten.

Baggerausleger

Haushaltsgeräte

Staubsauger, Rasenmäher, Waschmaschinen und Heckenschneider sind Maschinen für die Arbeit in Haus und Garten. Sie alle haben Motoren, die die Maschinen antreiben.

Fernsehen und Medien

Fernsehen, Radio, Zeitungen, Zeitschriften, Bücher und auch das Internet sind Medien. Sie liefern uns Nachrichten, Informationen und Unterhaltung.

Die Bildschirme zeigen Aufnahmen verschiedener Kameras.

Fernsehbildschirm

Fernsehen

Kameraleute, Tontechniker, Regisseure, Produzenten und Moderatoren arbeiten gemeinsam an Fernsehsendungen. Die meisten Sendungen entstehen in Aufnahmestudios.

Moderatorin und Kameramann im Studio bei der Aufnahme einer Fernsehsendung

Der Regisseur entscheidet, was wir zu Hause am Fernseher sehen und hören.

Wann wurde die erste Fernsehsendung ausgestrahlt?

Radio

Radiosendungen werden in einem Aufnahmestudio produziert. Die Sprecher sprechen in Mikrofone. Die Person ganz vorn steuert die Aufnahme, die im Radio gesendet werden wird.

Journalisten

Die Menschen, die für die Medien Nachrichten verfassen, nennt man Journalisten. Sie fragen Leute nach ihrer Meinung oder berichten in Artikeln und Beiträgen über Ereignisse.

Tageszeitungen aus aller Welt

Zeitungen

Täglich werden weltweit Tausende von Lokalzeitungen und überregionalen Zeitungen gedruckt. Zeitschriften zu verschiedenen Themen erscheinen wöchentlich oder monatlich.

Multimediale Internetseite

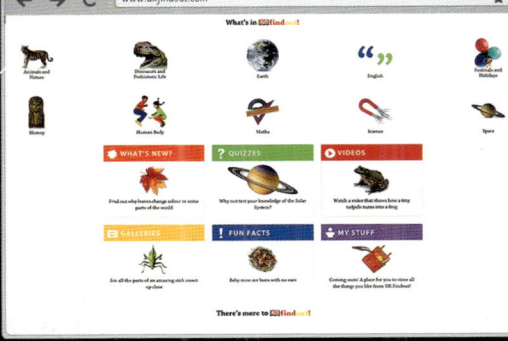

Werbung

Wir sehen täglich an vielen Orten Reklame. Reklame oder Werbung informiert uns über Produkte und Angebote. Die Hersteller oder Anbieter bezahlen die Medien dafür, dass diese ihre Anzeigen drucken oder senden.

Egal wo man hinschaut, überall ist Werbung.

Multimedia

Multimedial bedeutet, dass mehrere Medien zusammenwirken. Internetseiten sind multimedial, weil sie Texte mit Bildern, Filmen und Geräuschen verbinden.

Im Jahr 1928.

Kommunikation

Kommunikationssatelliten senden Nachrichten von einem Erdteil zum anderen.

Kommunikation ist der Austausch von Informationen. Telefon, Fernsehen, Radio und Internet ermöglichen uns, miteinander zu reden und Nachrichten zu senden.

Telekommunikation

Fernsehen, Radio, Telefon und E-Mail bezeichnet man auch als Telekommunikation. Sie übertragen Informationen mittels Kabel, Radioantennen oder Satelliten über große Entfernungen.

Diese riesige Schüssel ist eine Antenne. Sie steht mit Nachrichtensatelliten in Verbindung.

Verständigung

Man kann sich auch verständigen, ohne zu sprechen.

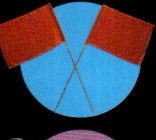
Beim **Winkeralphabet** stehen Flaggen für Buchstaben oder Nachrichten.

Der **Morsecode** übermittelt Buchstaben über kurze und lange Signale.

Der **Rauch** von Feuer kann Rettern zeigen, wo Hilfe gebraucht wird.

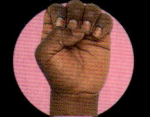
Mit **Gebärdensprache** verständigen sich taube und stumme Menschen.

Mit einer **Pfeife** kann man im Notfall Alarm geben.

Radio

Alles, was du im Radio hörst, ist als unsichtbare Welle durch die Luft gereist. Das Radio kann die Radiowellen mit seiner Antenne empfangen.

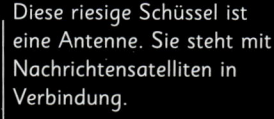

Radiowecker

Wie lautet das internationale Notsignal für „Hilfe"?

Information durch Licht

Wörter, Bilder und Klänge werden für ihre Übertragung an einen anderen Ort oft in Lichtblitze verwandelt. Das Licht reist in besonderen Kabeln aus Glasfasern.

Mobiltelefone können E-Mails versenden und Seiten im Internet aufrufen.

Telefon

Ein Telefon wandelt den Klang der Stimme in Signale um, die als Elektrizität, Radiowellen oder Licht übermittelt werden. Komplizierte elektronische Systeme verbinden die Telefone miteinander.

Internet

Das Internet besteht aus Millionen weltweit miteinander verbundener Computer. Über diese Verbindungen können wir E-Mails senden, mit Menschen auf der ganzen Welt in Kontakt treten und Webseiten aufrufen.

Dünne Glasfasern übertragen das Licht.

Die Schüssel ist auf Satelliten im Weltall ausgerichtet.

Im Internet kann man auch per Video mit anderen Menschen sprechen.

Wenn Sendungen „live" sind, siehst du sie, während sie aufgenommen werden.

Video

Videos sind bewegte Bilder, die von einer Kamera aufgenommen worden sind. Man kann sie auf Fernsehgeräten, Kinoleinwänden oder Computermonitoren anschauen. Heute können viele Fernseher Videos aufnehmen und Filme aus dem Internet abspielen.

Auch Wohnhäuser können Satellitenschüsseln haben, um Fernsehen zu empfangen.

Unser Planet

Die Erde ist eine riesige Kugel aus heißem Gestein. Auf der kalten und festen Hülle, der Erdkruste, leben wir. Der Planet Erde kreist um die Sonne.

Die Erdachse ...

Nordpol

Die Erdachse geht durch die Pole.

... ist leicht geneigt.

Südpol

Erdumdrehung

Die Erde dreht sich im Laufe eines Tages einmal um sich selbst. Die Achse, um die sie sich dreht, nennt man Erdachse. An den Enden der Achse befinden sich die beiden Pole.

Die Erdoberfläche

Auf der Erdoberfläche liegen sieben große Landmassen. Wir nennen sie Kontinente. Sie bedecken etwa ein Drittel der Oberfläche. Ozeane und Meere bedecken den Rest.

Die Erde als Magnet

Hast du schon mal einen Kompass gesehen? Er funktioniert, weil sich die Erde wie ein großer Magnet verhält, der die Kompassnadel immer nach Norden zieht.

Welcher ist der größte Kontinent der Erde?

Im Inneren der Erde

Unter der dünnen Erdkruste liegt der Erdmantel, eine dicke Schicht aus heißem Gestein. In der Mitte befindet sich der feste Erdkern.

Erdkern
Erdmantel
Erdkruste

Gebrochene Kruste

Die Erdkruste ist in riesige Teile zerbrochen, die man Platten nennt. Diese bewegen sich auf dem Erdmantel. Dort, wo sie zusammenstoßen oder sich aneinander reiben, kommt es oft zu Erdbeben und Vulkanausbrüchen.

Die Sankt-Andreas-Verwerfung in Kalifornien (USA) liegt auf der Grenze zwischen zwei Platten.

Berge und Täler

Die meisten Berge entstehen durch Bewegungen der Erdplatten, die sich zusammenschieben und auffalten. Wind, Flüsse und Gletscher schleifen die Berge ab und schneiden Täler ein.

Verwitterte Berge in Arizona im Südwesten der USA

Was bin ich?

Suche auf den Seiten „Planet Erde" die Fotos, aus denen diese Ausschnitte stammen.

Mehr erfahren

über die Weltkarte
S. 4–5

die Welt des Lebens
S. 64–65

das Weltall
S. 140–141

Asien. Er bedeckt etwa 30 Prozent der gesamten Landfläche.

Vulkane und Erdbeben

Der Erdboden kommt uns sehr stabil vor. An manchen Stellen ist er jedoch dünn und brüchig. Hier gibt es häufig Vulkane oder Erdbeben.

Fließende Lava
Das geschmolzene Gestein, das aus einem Vulkan läuft, heißt Lava. Lava kann sehr schnell fließen, wie ein rotglühender Fluss.

Vulkane sind oft kegelförmige Berge. Der Kegel besteht aus erkalteter Lava.

Vulkane
Magma ist das geschmolzene Gestein unter der Erdkruste. Bei einem Vulkanausbruch quillt es zusammen mit Asche und Staub durch eine Öffnung in der Erdkruste.

Wie nennt man eine große Meereswelle, die von einem Erdbeben ausgelöst wird?

Erdbeben

Wenn sich zwei Platten der Erdkruste aneinander vorbeischieben, bebt die Erde. Erdbeben können den Boden aufbrechen. Dabei werden oft Straßen und Gebäude zerstört.

Erforschung von Erdbeben

Seismologen erforschen Erdbeben. Sie versuchen Beben vorherzusagen, damit sich die Menschen rechtzeitig in Sicherheit bringen können.

Ein Seismograf misst die Erschütterungen eines Erdbebens.

Seismogramm (Aufzeichnung eines Seismografen)

1980 kam es zum Ausbruch des Mount St. Helens in den USA.

Sichere Häuser

Dies ist die Transamerica Pyramid, die in San Francisco in den USA steht. Das Hochhaus gilt als erdbebensicher. Bei einem Erdbeben wird es erzittern, aber nicht einstürzen.

Der Vesuv

79 n. Chr. brach der Vesuv aus und die römische Stadt Pompeji wurde unter Asche begraben. Viele ihrer Bewohner kamen dabei ums Leben.

Diese Figuren sind Gipsabdrücke der Toten von Pompeji.

Dieser Mann versuchte sein Gesicht vor der Asche zu schützen.

127

Man nennt sie Flutwelle oder Tsunami.

Gesteine

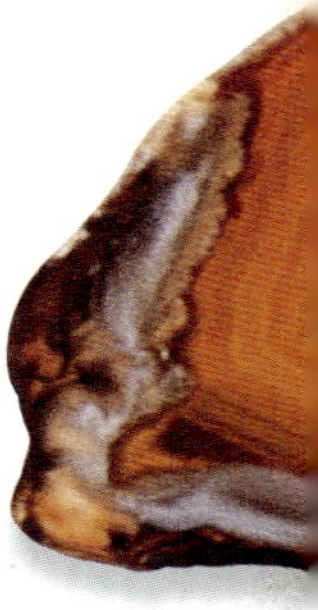

Die Erdkruste besteht aus Gesteinen. Gesteine liegen meist unter der Erde. Manchmal ragen sie als Felsen oder Klippe aus dem Boden empor.

Gesteinsarten

Gesteine können viele unterschiedliche Farben und Muster haben. Es gibt drei Hauptgruppen von Gestein.

Magmatisches Gestein, oder Eruptivgestein, ist erkaltetes Magma.

Metamorphes Gestein wurde tief unter der Erde erhitzt und verändert.

Sedimentgestein besteht aus Schichten von Sand, Schlamm und Meerestieren.

Der „Damm des Riesen" setzt sich aus Tausenden von Basaltsäulen zusammen.

Der Damm des Riesen

Diese seltsam geformten Felsen in Nordirland nennt man „Giant's Causeway" oder „Damm des Riesen". Sie sind aus Basalt, einem Gestein aus Magma, das beim Abkühlen zu diesen Formen erstarrt ist.

Sandstein

Sandstein ist ein Sedimentgestein. Es entsteht, wenn Sandschichten am Meeresboden über einen langen Zeitraum zusammengepresst werden. Der Uluru in Australien, auch Ayers Rock genannt, ist ein riesiger Felsen aus Sandstein.

Wind und Regen tragen den Felsen langsam ab.

Am Fuße des Uluru gibt es viele Höhlen.

Wie nennt man jemanden, der Gesteine erforscht?

Minerale

Gesteine bestehen aus Stoffen, die man Minerale nennt. Jede Gesteinsart hat eine andere Zusammensetzung von Mineralen.

Dieses Mineral nennt man Achat. Es hat immer farbige Streifen.

Stalaktiten bestehen aus dem Mineral Kalzit und hängen von der Decke von Tropfsteinhöhlen herunter.

Stalaktit

Dinosaurier-Fußabdruck

Fossiler Ammonit

Spinne in Bernstein

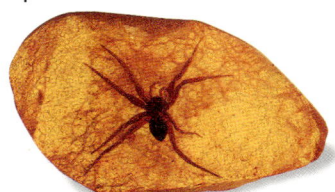

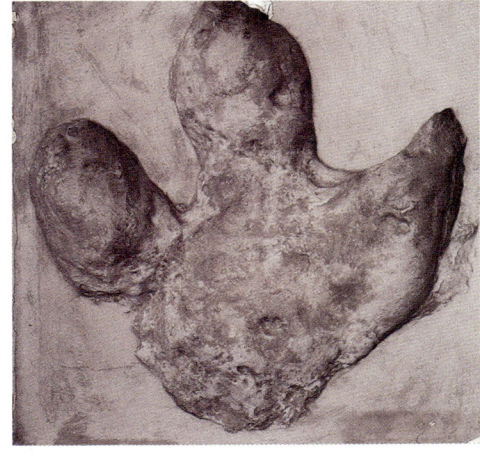

Fossilien

Fossilien sind versteinerte Tiere und Pflanzen, die vor Millionen von Jahren gelebt haben. Ihre Überreste wurden von Sand oder anderen Materialien bedeckt und allmählich zu Stein.

Fossiler Trilobit

Fußabdrücke in Stein

Auch Fußabdrücke, die vor Millionen von Jahren entstanden sind, wurden zu Fossilien.

Der Gipfel des Uluru ragt 348 Meter über der Ebene empor.

Mehr erfahren

über Gebirge
S. 18–19
Dinosaurier
S. 86–87

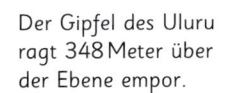

Einen Geologen.

Bodenschätze

Die Gesteinsschichten der Erde enthalten viele nützliche Stoffe wie Metalle und Edelsteine. Unter der Erde findet man auch Kohle und Erdöl.

Flüssiges Aluminium wird in eine Form gegossen.

Dieser Bagger baut in einer Mine in Brasilien Eisenerz ab.

Metalle

Eisen, Aluminium und Kupfer sind Metalle. Die meisten Metalle glänzen und sind hart. Sie werden aus Erzen gewonnen, die man in Minen oder Bergwerken abbaut.

Eisenerz

Metallgewinnung

Um aus Erz Metall zu gewinnen, muss man es oft stark erhitzen. Diesen Vorgang nennt man Schmelzen. Manchmal wird das Metall durch Elektrizität herausgelöst.

Welche Minerale sind die härtesten, die man auf der Erde findet?

Edelsteine

Es gibt Bodenschätze, die wie glänzend bunte Glasstücke aussehen. Man nennt sie Edelsteine. Saphire, Rubine und Diamanten sind Edelsteine.

Ein Diamant in dem Gestein, in dem er gefunden wurde

Fertig geschliffener Diamant

Diamantenschleifen ist ein anspruchsvolles Handwerk.

Metalle nutzen

Aus Metall werden viele nützliche Werkzeuge und Gegenstände hergestellt.

Seit Tausenden von Jahren stellt man aus **Eisen** Werkzeug und Waffen her.

Kupfer ist ein Metall, aus dem man Elektrokabel und Münzen macht.

Aluminium ist ein Leichtmetall. Dünn ausgewalzt verwendet man es als Folie.

Gold bleibt immer glänzend. Deshalb macht man daraus Schmuckstücke.

Verwendung von Edelsteinen

Edelsteine für Schmuck werden sorgfältig geschnitten und poliert, damit sie glänzen. In der Industrie verwendet man Rubine, um Laserlicht zu erzeugen. Für starke Bohrer nutzt man Diamanten.

Rubinlaserstrahl

Geschliffener Rubin

Kohlebergbau

Kohle ist aus Pflanzen, die vor Millionen von Jahren gelebt haben, entstanden. Sie dient als Brennstoff. Kohle liegt unter der Erde in dicken Schichten, die man Flöze nennt.

Bergmänner arbeiten beim Kohleabbau tief unter der Erde.

Mehr erfahren

über Energie
S. 98–99
Technik
S. 116–117
Gesteine
S. 128–129

Luft und Atmosphäre

Luft kann man nicht sehen, anfassen oder riechen. Trotzdem umgibt sie uns. Eine dicke Schicht Luft umhüllt die Erde. Diese Hülle nennt man Erdatmosphäre.

Luft zum Atmen

Ohne Luft könnten Pflanzen und Tiere nicht leben. Luft enthält Sauerstoff, den Tiere zum Atmen brauchen, und Kohlenstoffdioxid, aus dem Pflanzen ihre Nahrung erzeugen.

Ein Heißluftballon steigt auf, wenn man ihn mit heißer Luft füllt.

Aufsteigend

Wenn Luft erwärmt wird, dehnt sie sich aus und nimmt mehr Raum ein. So wird die warme Luft leichter und steigt auf.

Gasbrenner im Korb erwärmen die Luft im Inneren des Ballons.

Was ist Smog?

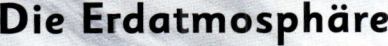

Gase

Luft besteht aus einer Mischung verschiedener Gase. Wir können einige davon für bestimmte Zwecke nutzen.

Sauerstoff macht ein Fünftel der Luft aus. Ohne Sauerstoff brennt nichts.

Stickstoff macht drei Viertel der Luft aus. Man stellt daraus Dünger her.

Helium lässt Luftballons aufsteigen, weil es leichter als Luft ist.

Kohlenstoffdioxid bildet die Kohlensäure in Getränken.

Neon füllt man in Leuchtröhren. Elektrizität bringt das Gas zum Glühen.

Die Erdatmosphäre

Die Atmosphäre schützt das Leben auf der Erde. Sie hält schädliche Strahlen der Sonne und aus dem Weltraum ab. Außerdem hält sie den Planeten warm.

Diese diesige blaue Schicht ist die Erdatmosphäre. _____

Dünne Luft

Je höher man in die Atmosphäre aufsteigt, desto dünner und kälter wird die Luft. Atmen wird immer schwieriger. Im Weltraum gibt es gar keine Luft.

In großer Höhe ist die Luft sehr dünn. Bergsteiger brauchen daher Sauerstoffmasken zum Atmen.

Luftverschmutzung

Autos, Busse, Heizungsanlagen und Fabriken blasen Rauch und giftige Abgase in die Luft. Sie sind unter anderem für die Luftverschmutzung verantwortlich.

Bestimmte Abgase verursachen sauren Regen, der Bäume absterben lässt.

Starke Luftverschmutzung, oft über großen Städten.

Wasser

Wasser ist überall:
in Flüssen und Seen, in
der Erde und in der Luft.
Sauberes Trinkwasser
fließt durch Leitungen
und kommt am Ende
aus dem Wasserhahn.

Meere und Ozeane

Die Ozeane und Meere der
Erde sind voller Wasser. Sie
bedecken etwa zwei Drittel
der Erdoberfläche.

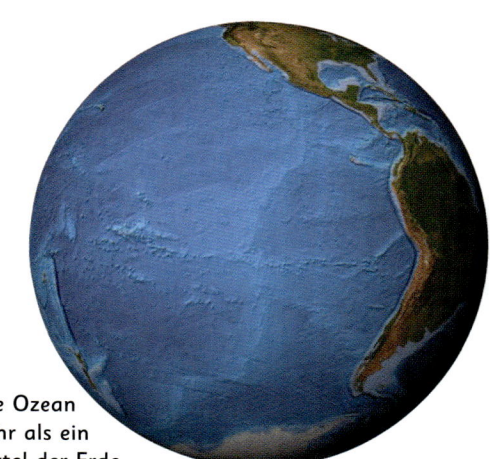

Der Pazifische Ozean
bedeckt mehr als ein
Drittel der Erde.

Wasser haftet
an Wasser.
Kleine Mengen
bilden Tropfen.

Wasser ist flüssig und fließt immer nach unten.

Eis

Wenn Wasser sehr kalt wird,
gefriert es. Eis, das sich erwärmt,
schmilzt und wird wieder zu
Wasser. Eis ist leichter als Wasser.
Deshalb schwimmen Eiswürfel
an der Oberfläche.

Dampf

Wenn Wasser sehr heiß wird,
verwandelt es sich in ein Gas: Wasserdampf. Wenn der Dampf abkühlt,
wird er wieder zu Wasser. Wasserdampf aus einem Teekessel kühlt
außen schnell ab und bildet eine
Wolke aus winzigen Wassertröpfchen.

Eine Welle ist eine
Erhebung, die über die
Wasseroberfläche rollt.

Salzwasser

Meerwasser ist salzig. Man
kann daraus Salz gewinnen,
indem man das Wasser wie auf
dem Bild verdampfen lässt.
Regenwasser ist nicht salzig,
ebenso wenig wie Flusswasser.
Man nennt es Süßwasser.

Wie viel Wasser steckt in deinem Körper?

Wasserkreislauf

Wasser reist vom Meer in die Luft, auf den Boden und wieder in die Flüsse.

Wasser steigt von den **Meeren** und vom **Boden** in die Luft auf.

Wenn feuchte Luft aufsteigt und abkühlt, bilden sich **Wolken**.

Wasser fällt als **Regen**, **Hagel** oder **Schnee** aus den Wolken zu Boden.

Der Regen sickert in den Boden und füllt **Gewässer**.

Das Wasser fließt über **Bäche** und **Flüsse** ins Meer zurück.

Wasser und Landschaft

Dieser Canyon in den USA wurde vom Wasser des Flusses Colorado ausgehöhlt. Das Wasser hat die Felsen langsam abgetragen und das Material mit sich fort gespült.

probier's aus!

In deinem Atem ist unsichtbarer Wasserdampf. Hauche auf einen kalten Spiegel. Der Dampf kühlt ab und du kannst die Wassertröpfchen sehen!

Wasser zum Leben

Pflanzen, Menschen und Tiere brauchen Wasser. Tiere müssen Wasser trinken. Pflanzen saugen das Wasser mit ihren Wurzeln aus der Erde.

Elefanten suchen täglich Wasserstellen auf, um zu trinken.

Dein Körper besteht zu zwei Dritteln aus Wasser.

Wetter

Wie ist das Wetter heute? Ist es sonnig oder bedeckt, heiß oder eisig kalt? Wir müssen uns jeden Tag nach dem Wetter richten. Deshalb versuchen wir es vorherzusagen.

Was ist Wetter?

Wetter entsteht dadurch, dass die Sonne die Luft erwärmt. Die erwärmte Luft bewegt sich in der Atmosphäre. So gelangt feuchte Luft vom Meer zum Land und sorgt dort für Regen.

Luft bewegt sich und verursacht Wind und Regen. Vom Weltall aus kann man die Wolken durch die Atmosphäre wirbeln sehen.

Winde

Wind ist Luft, die sich in der Atmosphäre bewegt. Orkane sind sehr starke Winde, die Bäume entwurzeln und ganze Dächer wegreißen können.

Wetterwörter

Hier sind einige wichtige Begriffe, die immer wieder im Wetterbericht verwendet werden.

Sonnenschein schenkt uns Wärme und Licht und trocknet den Boden.

Wind kann leicht wie eine Brise oder stark wie ein Sturm sein.

Wolken bestehen aus Wassertröpfchen. Dunkle Wolken kündigen Regen an.

Regen ist eine große Menge von Wassertropfen, die aus den Wolken fallen.

Die **Temperatur** gibt in Grad Celsius an, wie heiß oder kalt die Luft ist.

Schnee besteht aus feinen Eiskristallen. Er fällt bei Kälte anstelle von Regen.

Wie nennt man einen Wissenschaftler, der das Wetter erforscht?

Wolken und Regen

Wolken bestehen aus winzigen Wassertröpfchen oder Eiskristallen. Sie bilden sich, wenn feuchte Luft aufsteigt und sich abkühlt. Dicke dunkle Wolken kündigen Regen oder Unwetter an.

Ein Anemometer misst die Windgeschwindigkeit.

Eine Wetterfahne ermittelt die Windrichtung.

Solarzellen

Ein Thermometer in dem Behälter misst die Temperatur.

Wettermessungen

Überall auf der Erde gibt es Wetterstationen. Spezielle Instrumente messen Temperatur, Niederschlagsmenge, Windgeschwindigkeit und Anzahl der Sonnenstunden.

Wettersatellit

Blitz und Donner

Blitze entstehen, wenn sich die Elektrizität entlädt, die sich in Gewitterwolken gebildet hat. Dadurch heizt sich die Luft auf und dehnt sich aus. Das verursacht ein lautes Geräusch: den Donner.

Wettervorhersagen

Der Wetterbericht entsteht aus Informationen von Wetterstationen und durch Aufnahmen von Wettersatelliten. Mit Computern können Wissenschaftler errechnen, wie das Wetter werden wird.

Mehr erfahren

über Wüsten
S. 10–11
Regenwälder
S. 14–15
Elekrizität
S. 100–101

Einen Meteorologen.

Klima

Klima bezeichnet die Art und Abfolge von Wetter, die eine Region über das Jahr hat. In einer Region mit warmen Sommern und kalten Wintern herrscht gemäßigtes Klima.

Palmen wachsen in tropischem Klima.

Regionen am Äquator haben heißes, tropisches Klima.

Klimazonen

Das Klima in den verschiedenen Regionen der Erde ist unterschiedlich, je nachdem, welches Wetter sie über das Jahr haben.

In **tropischen** Regionen ist es das ganze Jahr über heiß und es regnet fast täglich.

Subtropische Regionen haben auch heißes Wetter, aber Trocken- und Regenzeiten.

Wüsten haben trockenes Klima. Hier sind die Tage heiß und die Nächte eisig kalt.

Gemäßigte Zonen haben warme Sommer und kalte Winter, manchmal auch mit Schnee.

In den **Bergen** ist es kalt und windig. Hier fallen häufig Regen und Schnee.

Polargebiete sind das ganze Jahr über sehr kalt. Es kommt oft zu heftigen Schneestürmen.

Eisklima

Das Klima in der Arktis und in der Antarktis ist extrem kalt. Es ist so kalt, dass sogar das Meer im Winter zufriert.

Welche Art von Klima herrscht in Deutschland?

Jahreszeiten

In vielen Regionen der Erde hat das Jahr vier Jahreszeiten: Winter, Frühling, Sommer und Herbst. Jede Jahreszeit hat anderes Wetter.

Winter

Der Winter ist die kälteste Jahreszeit. Es gibt Frost und Schnee. Die Tage sind kurz.

Frühling

Im Frühling wird es wärmer. Bäume und Pflanzen bekommen Blätter und Blüten.

Sommer

Der Sommer ist die wärmste Jahreszeit. Die Tage sind sehr lang und die Sonne scheint oft.

Herbst

Im Herbst werfen die Bäume ihr Laub ab. Die Tiere bereiten sich auf den Winter vor.

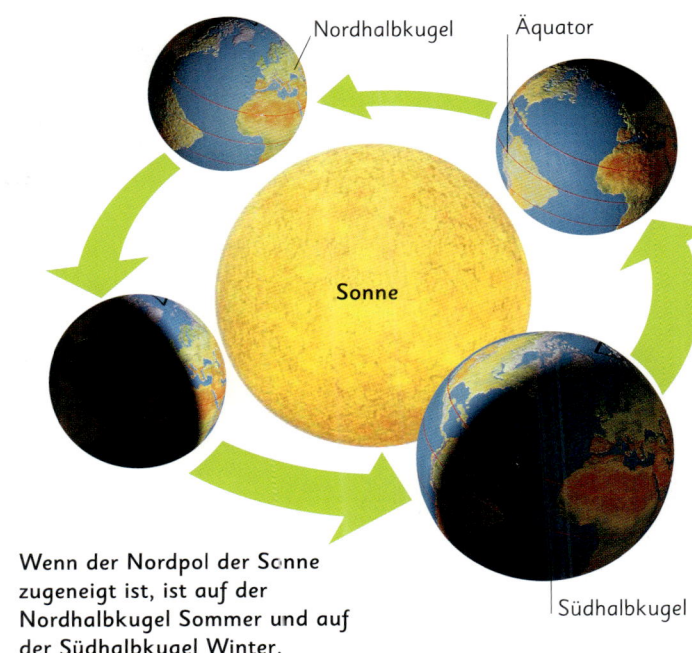

Nordhalbkugel Äquator

Sonne

Südhalbkugel

Wenn der Nordpol der Sonne zugeneigt ist, ist auf der Nordhalbkugel Sommer und auf der Südhalbkugel Winter.

Warum gibt es Jahreszeiten?

Die Erde dreht sich um die Sonne und ist dabei leicht geneigt. Im Lauf des Jahres erhalten die verschiedenen Regionen unterschiedliche Mengen an Sonnenwärme.

Anpassung ans Klima

Besondere Eigenschaften machen Tieren und Pflanzen das Leben in besonders heißen oder kalten Klimazonen möglich.

Monsunklima

In subtropischen Gebieten kommt es im Sommer zu starken Regenfällen. Wegen dieses feuchten Klimas werden Häuser auf Pfählen gebaut.

Eisbären haben ein dickes Fell.

In Deutschland herrscht gemäßigtes Klima.

Das Weltall

Im Weltall gibt es die Sonne, die Erde, andere Planeten, unsere Galaxie und Milliarden anderer Galaxien. Auch der Weltraum, der leere Raum zwischen ihnen, ist Teil des Alls.

Ein Teleskop aus dem 17. Jahrhundert

Die ersten Astronomen

Seit Tausenden von Jahren beschäftigen sich Astronomen mit dem Weltall. Der italienische Astronom Galileo Galilei stellte als Erster mit seinem Teleskop Beobachtungen über das All an.

Mittelpunkt des Universums

Früher glaubte man, dass die Erde der Mittelpunkt des Universums sei. Erst Galilei konnte beweisen, dass sich die Erde um die Sonne dreht.

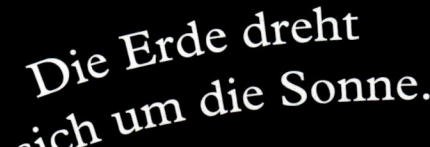

Die Erde dreht sich um die Sonne.

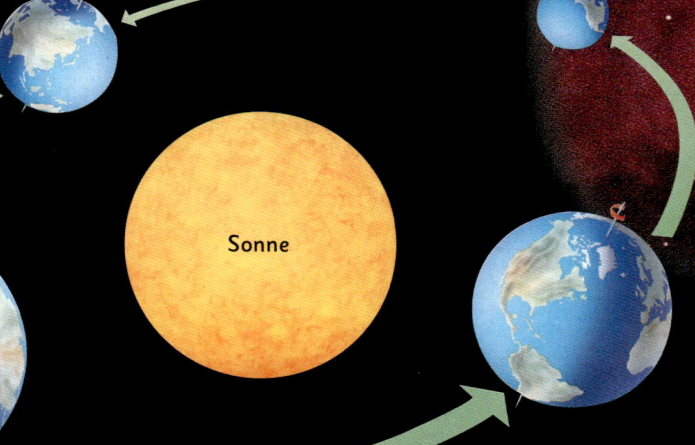

Sonne

Die Sonne ist der Mittelpunkt des Sonnensystems.

Was ist ein Schwarzes Loch?

Leben im Weltall

Weil es im Weltall keine Schwerkraft gibt, schweben Astronauten und ihre Ausrüstung einfach im Raum. Astronauten müssen erst lernen sich im Weltall zu bewegen.

Schlaufen an Wänden und Boden helfen den Astronauten, an einem Ort zu bleiben oder sich fortzubewegen.

Der Urknall

Die meisten Astronomen glauben, dass das Universum vor etwa 13,8 Milliarden Jahren durch eine gewaltige Explosion entstanden ist, die man Urknall nennt.

Modernes astronomisches Teleskop

Was bin ich?

Suche auf den Seiten „Weltall" die Fotos, aus denen diese Ausschnitte stammen.

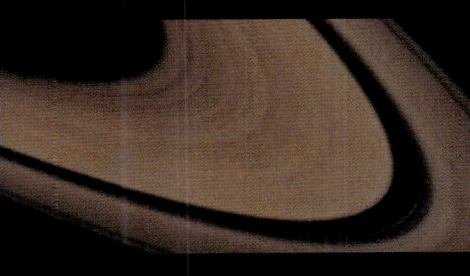

Mehr erfahren

über die Menschen
S. 24–25

die Welt des Lebens
S. 64–65

unseren Planeten
S. 124–125

Ein Objekt, dessen Schwerkraft so stark ist, dass kein Licht entkommt.

Sterne und Galaxien

Am Nachthimmel sehen wir unzählige leuchtende Punkte: die Sterne. Galaxien sind riesige Ansammlungen von Sternen, Staub und Gas.

Sterne

Ein Stern ist eine große Gaskugel, die Licht und Hitze ausstrahlt. Einige Sterne sind kleiner als unsere Sonne. Andere sind viel größer.

Neue Sterne

Weit draußen im Weltraum befinden sich riesige Wolken aus Gas und Staub. Wenn sich Gas und Staub verklumpen, entstehen neue Sterne.

Eine Staub- und Gaswolke im Weltraum nennt man Nebel.

Dies sind die glühenden Überreste eines toten Sterns.

Alte Sterne

Sterne strahlen zwar Milliarden von Jahren, aber sie leben nicht ewig. Wenn Sterne sterben, explodieren sie. Diese Explosion nennt man Supernova.

Welche Galaxie außer der Milchstraße können wir noch mit bloßem Auge sehen?

Sternbilder

Vor Tausenden von Jahren sahen die Menschen, dass die Sterne Formen und Muster bilden. Wir nennen diese Formen und Muster Sternbilder.

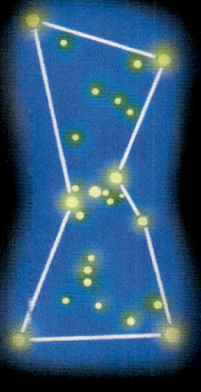

Orion

Das Kreuz
des Südens

Strecke deinen Arm aus und halte den Daumen hoch. Auf dem Stück Weltall, das dein Fingernagel verdeckt, liegen etwa 5 Millionen Galaxien.

Die Milchstraße

Alle Sterne, die du am Nachthimmel siehst, gehören zur Milchstraße. Sie ist unsere Galaxie und enthält Milliarden von Sternen.

Formen von Galaxien

Im Universum gibt es Milliarden von Galaxien. Sie haben die Form von Spiralen oder Kugeln. Die Milchstraße ist eine Spiral-galaxie – eine flache Scheibe mit einem Band von hellen Sternen im Zentrum.

Eine Spiral-galaxie hat lange „Arme" aus Sternen.

Den Andromeda-Nebel, eine Spiralgalaxie.

Sonne und Sonnensystem

Die Erde ist Teil einer Familie von acht Planeten, die um die Sonne kreisen. Zusammen bilden Planeten und Sonne das Sonnensystem. Ein Asteroidengürtel trennt die inneren von den äußeren Planeten.

Umlaufbahnen
Planeten umkreisen die Sonne auf ovalen Bahnen. Die Umlaufbahn der Erde hat einen Durchmesser von knapp 300 Millionen Kilometern.

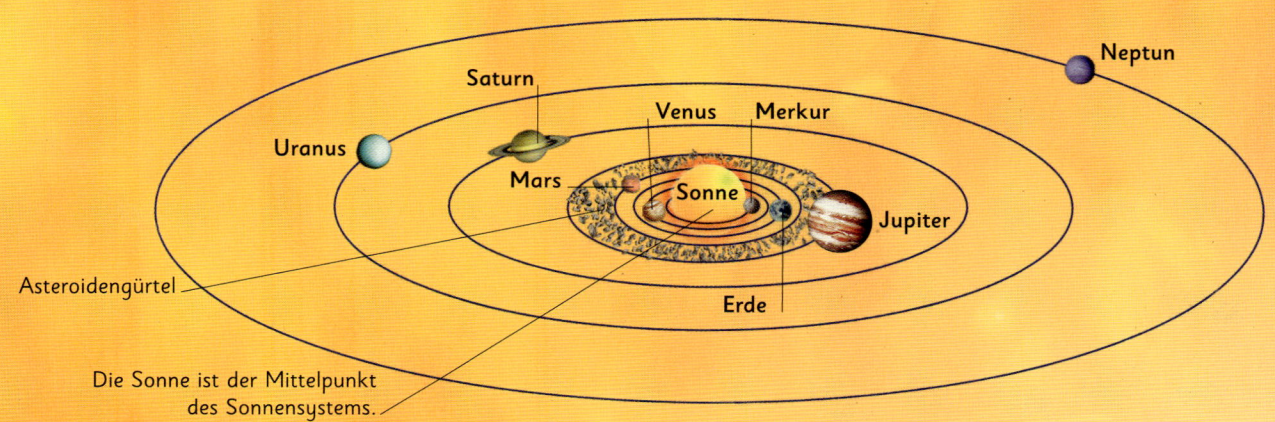

Neptun

Saturn

Venus · Merkur

Uranus

Mars

Sonne

Jupiter

Asteroidengürtel

Erde

Die Sonne ist der Mittelpunkt des Sonnensystems.

Umkreisen und drehen
Die Planeten umkreisen die Sonne unterschiedlich schnell. Dabei drehen sie sich um sich selbst.

Merkur ist der Sonne am nächsten. Sein Lauf um die Sonne dauert 88 Tage.

Jupiter ist der größte Planet. In 10 Stunden dreht er sich einmal um sich selbst.

Neptun ist der Sonne am fernsten. Sein Lauf um die Sonne dauert 165 Jahre.

Die Sonne
Die Sonne ist der Stern, der unserer Erde am nächsten gelegen ist. Sie ist 150 Millionen Kilometer weit weg und strahlt seit Jahrmilliarden. Alles Licht und alle Wärme auf der Erde kommen von der Sonne.

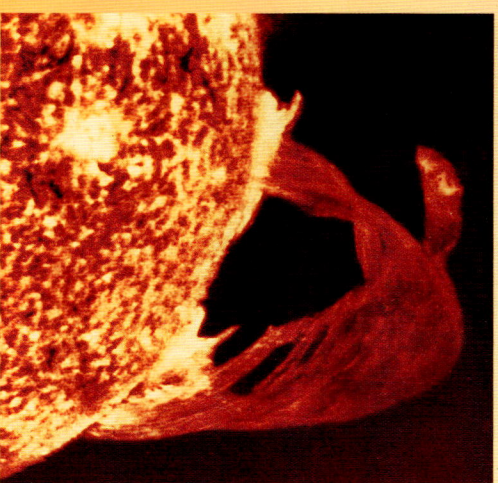

Auf der Sonne
Auf der Sonne beträgt die Temperatur 6000 °C. Hohe Fontänen von glühendem Gas, die Sonneneruptionen, schießen ins All. Dunkle Wolken aus kühlerem Gas, die Sonnenflecken, ziehen über die Oberfläche.

Welcher ist der heißeste Planet unseres Sonnensystems?

Merkur

Venus

Erde

Mars

Jupiter

Saturn

Uranus

Neptun

Die Sonne ist 100-mal größer als die Erde.

Gas und Staub

Die Sonne und die Planeten unseres Sonnensystems entstanden vor 4500 Millionen Jahren aus einer großen Gas- und Staubwolke.

Astronomen haben auch Planeten entdeckt, die sich um andere Sterne drehen.

Planet Erde

Die Erde ist ein besonderer Planet. Sie hat eine steinerne Kruste, eine Atmosphäre und Wasser. Sie ist der einzige Planet des Sonnensystems, auf dem Tiere und Pflanzen leben können.

Vom Neptun aus würde man die Sonne nur als Lichtpunkt sehen.

Jupiter dreht sich so schnell, dass sich seine Mitte auswölbt.

Kalte Planeten

Uranus und Neptun sind Milliarden von Kilometern von der Sonne entfernt. Weil sie kaum Wärme erreicht, sind beide Planeten extrem kalt.

145

Planeten und Monde

Die Erde ist ein Planet. Ein Planet ist eine Gesteinskugel, die die Sonne umkreist. Ein Mond ist auch eine Kugel aus Gestein. Er umkreist einen Planeten.

In 27,3 Tagen dreht sich der Mond einmal um die Erde.

Der Mond der Erde
Die Erde hat nur einen einzigen Mond. Wir können ihn sehen, weil das Licht der Sonne von ihm abstrahlt. Er umkreist die Erde auf einer Umlaufbahn.

Mars nennt man auch den Roten Planeten.

Der Mars hat riesige Berge und Täler.

Die Marsoberfläche ist felsig und staubig.

Felsenplaneten
Die Planeten nahe der Sonne sind felsig. Sie haben eine dicke Kruste aus Gestein. Das innere Gestein ist heiß und flüssig. Merkur, Venus, Erde und Mars sind solche Planeten.

Leben auf dem Mars
Weil er sehr kalt ist und Luft fehlt, können Pflanzen und Tiere nicht auf dem Mars leben. Aber vielleicht gab es hier vor Millionen von Jahren Leben.

Was ist der Große Rote Fleck?

Saturn

Ringplaneten

Einige Planeten haben Ringe. Besonders auffällig sind die Ringe um Saturn. Sie bestehen aus Millionen von Gesteins- und Eisbrocken, die um den Planeten kreisen.

Die Ringe des Saturns haben einen 20-mal größeren Durchmesser als die Erde.

Monde

In unserem Sonnensystem gibt es mehr als 170 Monde. Die Schwerkraft lässt sie um ihre Planeten kreisen. Der Titan ist der größte Mond des Saturns. Er ist etwa doppelt so groß wie unser Mond.

Titan

Die Monde des Jupiter

Jupiter hat 16 Monde. Die meisten sind kleiner als unser Mond. Diese vier sind größer:

 **Ganymed** ist der größte Mond im Sonnensystem.

 **Kallisto** sieht wie unser Mond aus: Er ist von Kratern bedeckt.

 **Io** ist rot und gelb. Er ist voller Vulkane, die ständig aktiv sind.

 **Europa** ist mit Eis überzogen. Unter dem Eis könnte ein Ozean sein.

Gasplaneten

Saturn, Uranus und Neptun nennt man auch Gasriesen. Diese drei Planeten sind extrem weit von der Sonne entfernt. Sie bestehen überwiegend aus Gas und Flüssigkeit und haben keine feste Kruste wie die Felsenplaneten.

Auf dem Jupiter wüten gewaltige Wirbelstürme

Ein riesiger Wirbelsturm auf Jupiter.

Unser Mond

Der Mond begleitet die Erde auf ihrer Reise durch den Weltraum. Auf dem Mond gibt es weder Luft noch Wasser.

Erdabgewandte Seite des Monds

Die Umlaufbahn des Monds

Der Mond ist 384 000 Kilometer von der Erde entfernt. Er bewegt sich auf einer Umlaufbahn um die Erde. Jede Umkreisung dauert 27,3 Tage.

So sieht der Mond vom Weltraum gesehen aus.

Auf dem Mond gibt es kein Wetter wie auf der Erde.

Die Mondphasen

Wir sehen den Mond bei seiner Erdumkreisung in verschiedenen Phasen:

Bei **Neumond** scheint die Sonne auf die erdabgewandte Seite.

Die **Mondsichel** ist ein kleiner sichtbarer Teil der erdzugewandten Seite.

Das **erste Viertel** wird sichtbar, wenn die rechte Hälfe angestrahlt wird.

Bei **Dreiviertelmond** ist fast die ganze erdzugewandte Seite sichtbar.

Bei **Vollmond** wird die gesamte erdzugewandte Seite beleuchtet.

Die erdzugewandte Seite

Während der Mond die Erde umkreist, dreht er sich langsam genau einmal um sich selbst. Deshalb sehen wir von der Erde aus immer die gleiche Seite. Wir nennen sie die erdzugewandte Seite.

Wer betrat als erster Mensch den Mond?

Mondlandung

Bis jetzt ist der Mond der einzige Himmelskörper unseres Sonnensystems, der von Menschen betreten wurde. Die Raumfahrtmission *Apollo 11* brachte 1969 die Astronauten Neil Armstrong und Buzz Aldrin auf den Mond und wieder zurück.

Die Kommandokapsel der *Apollo 11*-Mission umkreiste den Mond. Michael Collins, der dritte Astronaut, blieb an Bord.

Sonnenfinsternis

Bei einer Sonnenfinsternis schiebt sich der Mond vor die Sonne und sein Schatten fällt auf den der Sonne zugewandten Teil der Erde.

John Young landete 1972 mit der Landefähre der *Apollo 16*-Mission auf dem Mond.

Mondkrater

Die Oberfläche des Monds ist von kreisförmigen Senken im Boden übersät. Diese Krater sind durch die Einschläge von Meteoriten entstanden.

Der amerikanische Astronaut Neil Armstrong.

Kometen und Meteore

Außer den Planeten und Monden bewegen sich auch Gesteinsbrocken, Staubteilchen und Eisbrocken durch das Sonnensystem. Manchmal kommen sie der Erde sehr nahe.

Kometen

Ein Komet ist eine Ansammlung von Staub und Eis, die durch den Weltraum rast. Er ist so etwas wie ein schmutziger Schneeball. Millionen von Kometen umkreisen die Sonne. Die meisten von ihnen sind allerdings zu weit entfernt, um sie zu erkennen.

Langer Schweif

Wenn sich ein Komet der Sonne nähert, schmilzt sein Eis. Dabei werden Gas und Staub frei. Es bilden sich zwei lange Schweife: ein heller Staubschweif und ein blauer Gasschweif.

Der Komet Hale-Bopp

Asteroiden sehen wie gigantische Kartoffeln aus.

Ein Kometenschweif kann Millionen von Kilometern lang sein.

Welcher Komet fliegt alle 76 Jahre an der Erde vorbei?

Meteore

Meteore nennt man auch Sternschnuppen. Sie entstehen, wenn kleine Gesteinsbrocken aus dem Weltall in die Atmosphäre der Erde eindringen und verglühen.

Groß und klein

Asteroiden gibt es in allen Größen. Manche sind nur so klein wie ein Sandkörnchen. Der größte bekannte Asteroid heißt Ceres und hat einen Durchmesser von 920 Kilometern.

Von der Erde aus kann man nur die größten Asteroiden sehen.

Der Asteroidengürtel

Ein Asteroid ist ein Gesteinsbrocken, der wie ein kleiner Planet die Sonne umkreist. Zwischen Mars und Jupiter gibt es Milliarden von Asteroiden. Sie formen einen Asteroidengürtel.

Meteoriten

Meteoriten sind Gesteinsbrocken, die auf Planeten oder Monde stürzen. Auf der Oberfläche der Himmelskörper hinterlassen sie riesige Löcher, die man Krater nennt.

Merkur

Merkurs dünne Atmosphäre bietet nicht viel Schutz vor Meteoriten.

probier's aus!

Gib etwas Mehl in eine Schüssel und streiche es glatt. Lass einen Tropfen Wasser auf das Mehl fallen. Siehst du den Krater?

Auf dem Merkur sind viele Krater Hunderte von Kilometern breit.

151

Der Halleysche Komet. Zuletzt flog er 1986 vorbei.

Raumfahrt

Astronauten sind Menschen, die ins Weltall reisen. Dort führen sie Experimente durch, erledigen Reparaturen an der Raumstation und erforschen, wie es ist im Weltraum zu leben.

Die ersten Raketen

Dies ist der amerikanische Raketenbauer Robert Goddard. 1926 entwickelte er die erste Rakete. Sie flog mit Flüssigtreibstoff, ebenso wie die meisten Raketen heute noch.

Raketen

Um ins Weltall zu gelangen, brauchen Astronauten eine Rakete. Unten an der Rakete sind starke Motoren. Sie stoßen heißes Gas aus, das die Rakete ins Weltall hinausschiebt.

Kontrollraum

Vom Kontrollraum auf der Erde aus leiten Ingenieure und Wissenschaftler Expeditionen ins Weltall. Sie geben den Zeitpunkt für den Start vor und überwachen den Flug.

Die Motoren der Rakete sind gezündet. Sie hebt ab.

Nutzlastraum zum Transport von Material

Startrampe

Treibstofftank

Motoren

Wie hieß die erste Raumstation?

Die Raumstation

Astronauten leben und arbeiten auf der Internationalen Raumstation ISS. Sie wurde von Russland, den USA und zehn weiteren Ländern gebaut und umkreist die Erde seit 1998. Die ISS ist das größte von Menschen gebaute Objekt im Weltall.

Solarzellen

Internationale Raumstation ISS

Raumspaziergang

Astronauten müssen ihre Raumfahrzeuge manchmal verlassen, um Reparaturen vorzunehmen. Sie tragen dann Spezialanzüge, die einen Luftvorrat enthalten und vor gefährlicher Strahlung schützen.

Schalter zur Bedienung des Raumanzugs

Im Weltraum gibt es keine Luft.

Die Raumfähre *Atlantis* landet wie ein Flugzeug, braucht aber einen Fallschirm, um zu bremsen.

Mehr erfahren
über Arbeit und Beruf
S. 42–43
Weltgeschichte
S. 44–45
Technik
S. 116–117

Die Raumfähre

Raketen können nur einmal benutzt werden. Eine Raumfähre aber kann für mehrere Flüge ins Weltall und zurück zur Erde eingesetzt werden. Die letzte Raumfähre startete und landete 2011.

Saljut 1. Sie wurde 1971 von der Sowjetunion in Betrieb genommen.

Weltraumforscher

Astronomen und Astronauten haben schon einiges über das Weltall herausgefunden. Doch es bleibt noch viel zu entdecken.

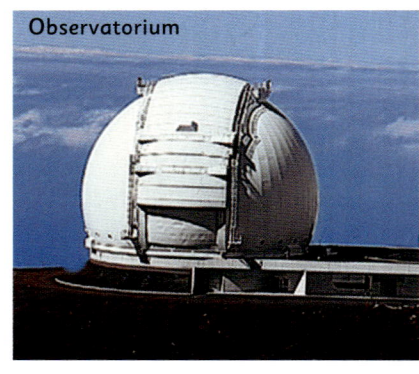
Observatorium

Teleskope
Unter der Kuppel dieses Observatoriums steht ein großes Teleskop. Seine riesigen Spiegel fangen Licht aus dem Weltall ein. Teleskope vergrößern Planeten und Sterne, sodass wir sie besser sehen können.

Ein Radioteleskop kann mit seiner großen Schüssel Radiowellen und Strahlen aus dem Weltraum empfangen.

Radioteleskope
Einige Objekte im Weltall, wie Schwarze Löcher, kann man mit einem normalen Teleskop nicht erkennen. Radioteleskope aber können die Radiowellen von Objekten empfangen, die von einem Schwarzen Loch angezogen werden.

Wie heißt das erste Raumfahrzeug, das auf einem Kometen landen konnte?

Weltraumteleskope

Teleskope auf der Erde sind oft nicht sehr genau, weil die Atmosphäre das Bild verzerrt. Teleskope, die im Weltraum schweben, wie das Hubble-Weltraumteleskop, ermöglichen eine klarere Sicht.

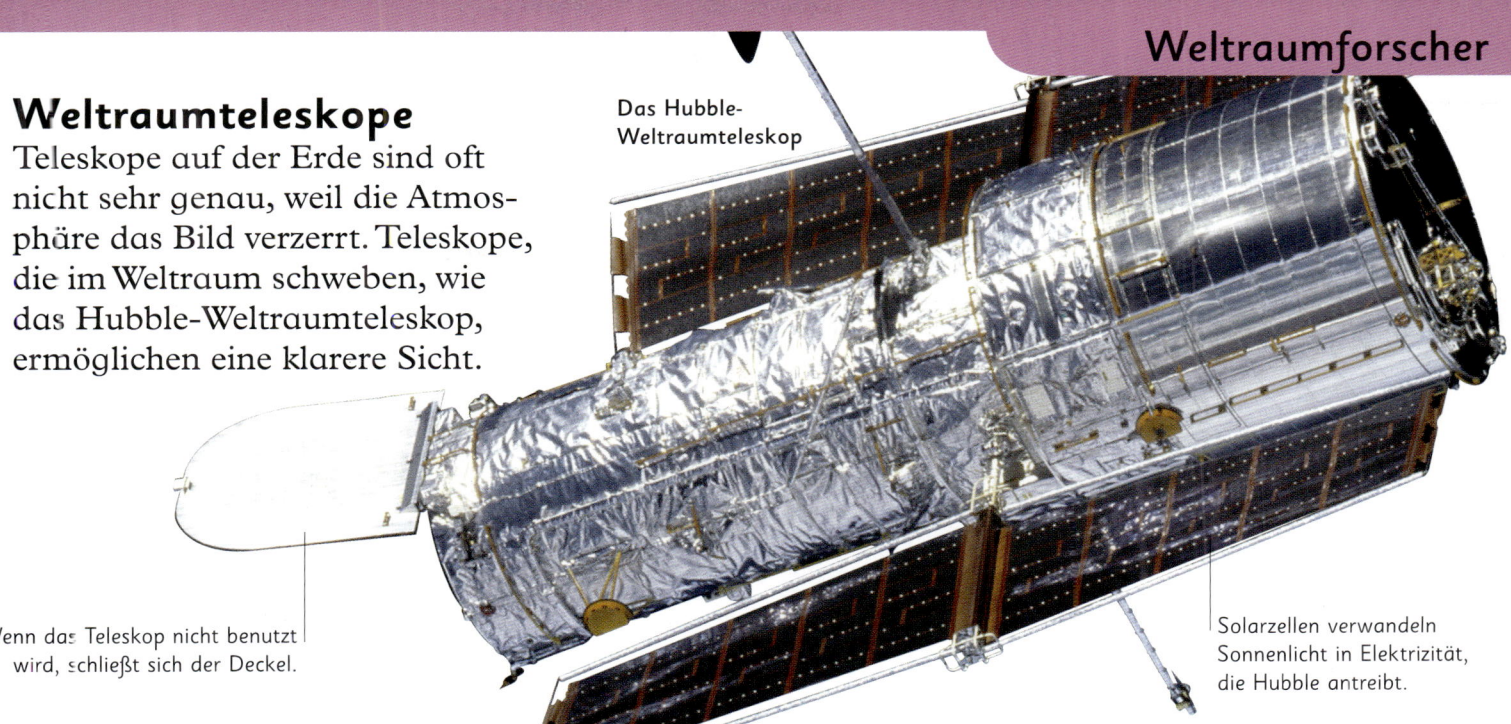

Das Hubble-Weltraumteleskop

Wenn das Teleskop nicht benutzt wird, schließt sich der Deckel.

Solarzellen verwandeln Sonnenlicht in Elektrizität, die Hubble antreibt.

Auf dem Mond

Auf dem Mond führten Astronauten Experimente durch und sammelten Gestein. Ihre Fußabdrücke werden im Mondstaub Millionen von Jahren erhalten bleiben.

Flüge zum Mars

Der Flug zum Mars dauert etwa sechs Monate. Eines Tages werden Astronauten den Planeten besuchen. Bis dahin wird er von Raumsonden erforscht.

Das Roboterfahrzeug *Curiosity* (englisch für „Neugier") erforscht die Marsoberfläche.

Raumsonden

Raumsonden haben keine Besatzung. Sie erforschen das Weltall mit speziellen Instrumenten.

 **Luna 3** machte 1959 die ersten Aufnahmen von der Rückseite des Monds.

 **Pioneer 10** flog als erste Sonde in die Nähe des Planeten Jupiter.

 **Voyager 1** flog am Saturn vorbei und fotografierte seine Ringe und Monde.

 **Pathfinder** brachte einen Roboter zum Mars, um den Planeten zu erkunden.

 **Huygens** erforscht Titan und Enceladus, die Monde des Saturns.

 **Spirit** erforschte, ob es auf dem Mars einmal Wasser gegeben hat.

Die Raumsonde *Philae* setzte 2014 unbeschadet auf dem Kometen Tschuri auf.

Wahr oder falsch?

Einige dieser Behauptungen
sind wahr, andere sind frei
erfunden. Weißt du, welche?

1 Jeder Mensch hat einen anderen Fingerabdruck.

2 Man kann die Höhe eines Baums an seinen Jahresringen ablesen.

3 Bagger können nicht nur graben, sondern auch schwere Lasten heben.

4: Wahr; 5: Falsch (Der Mars wird auch Roter Planet genannt.) 6: Wahr; 7: Wahr; 8: Wahr

4 Ritter waren Soldaten zu Pferde.

5 Der Mars wird auch der Blaue Planet genannt.

7 Ganesha ist eine hinduistische Göttin.

6 Kasper und Gretel sind Figuren des Puppentheaters.

8 Kängurus tragen ihre Jungen in einem Beutel.

157

Quiz

Teste dein Wissen und beantworte folgende Fragen:

1 Wo speichert ein Kaktus Wasser?

A: Im Stamm   B: In den Dornen

C: In den Blättern   D: In den Wurzeln

2 Wie viele Beine hat ein Insekt?

A: 4   B: 6

C: 8   D: 20

3 Was lässt einen Heißluftballon aufsteigen?

A: Neon   B: Kohlenstoffdioxid

C: Warme Luft   D: Stickstoff

4 Welche Sportart spielt man mit einem Puck und einem flachen Schläger?

A: Basketball   B: Fußball

C: Tischtennis   D: Eishockey

5 Wie heißen diese römischen Kämpfer?

A: Ritter   B: Legionäre

C: Samurai   D: Gladiatoren

6 Wo liegt der Sandsteinfelsen Uluru?

A: In England   B: In Ägypten

C: In Australien   D: In Japan

7 Welches Volk baute Tempel wie diesen?

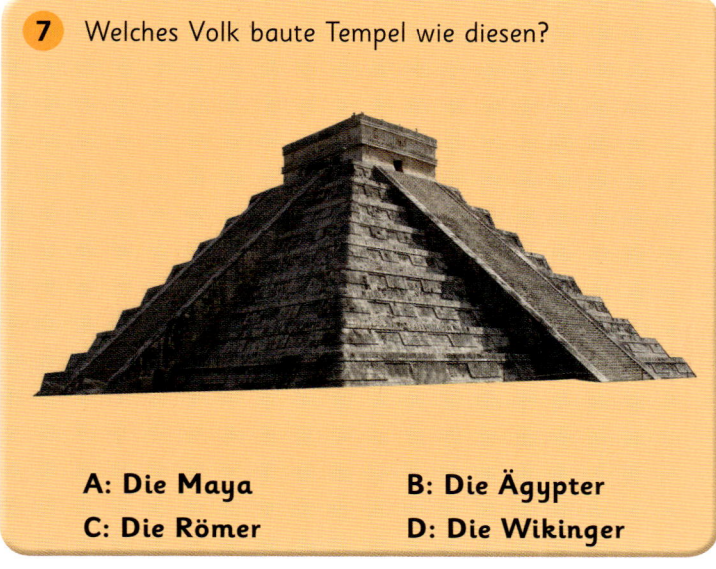

A: Die Maya   B: Die Ägypter

C: Die Römer   D: Die Wikinger

8 Wie heißt die griechische Göttin der Liebe?

A: Zeus

B: Athene

C: Aphrodite

D: Hades

9 Wie viele Zähne hat ein Krokodil?

A: 50

B: 70

C: 80

D: 100

10 Was ist keine Pflanze?

A: Fliegenpilz

B: Kaktus

C: Palme

D: Nadelbaum

11 Wo leben diese jungen Kaiserpinguine?

A: In der Arktis

B: In Grönland

C: In der Antarktis

D: In Skandinavien

12 Wie viele Knochen hat dein Skelett?

A: Etwa 50

B: Etwa 300

C: Etwa 100

D: Etwa 200

13 Wie heißt dieser Dinosaurier?

A: *Styracosaurus*

B: *Tyrannosaurus rex*

C: *Stegosaurus*

D: *Brachiosaurus*

14 Wie nennt man die dünne äußerste Schale der Erde?

A: Erdmantel

B: Erdkruste

C: Erdkern

D: Erdoberfläche

15 Wo treffen sich jüdische Gläubige zum Gebet?

A: Im Tempel

B: In der Synagoge

C: In der Moschee

D: Zu Hause

16 Welcher Planet ist der Sonne am nächsten?

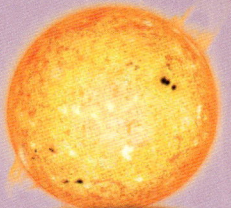

A: Merkur

B: Mars

C: Venus

D: Jupiter

Antworten: 1: A 2: B 3: C 4: D 5: D 6: D 7: C 8: C 9: C 10: A 11: C 12: D 13: A 14: B 15: B 16: A

Wer oder was bin ich?

Kannst du anhand der Hinweise herausfinden, um wen oder was es geht?

2: Ich bin ein Insekt, das mit seinen Füßen über Wasser rudern kann.

Gottesanbeterin

Floh

Ruderwanze

Wikinger

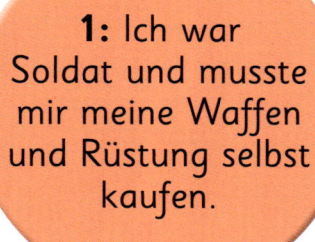

1: Ich war Soldat und musste mir meine Waffen und Rüstung selbst kaufen.

Sikh-Krieger

Blatt

Legionär

Düsenjet

Hoplit

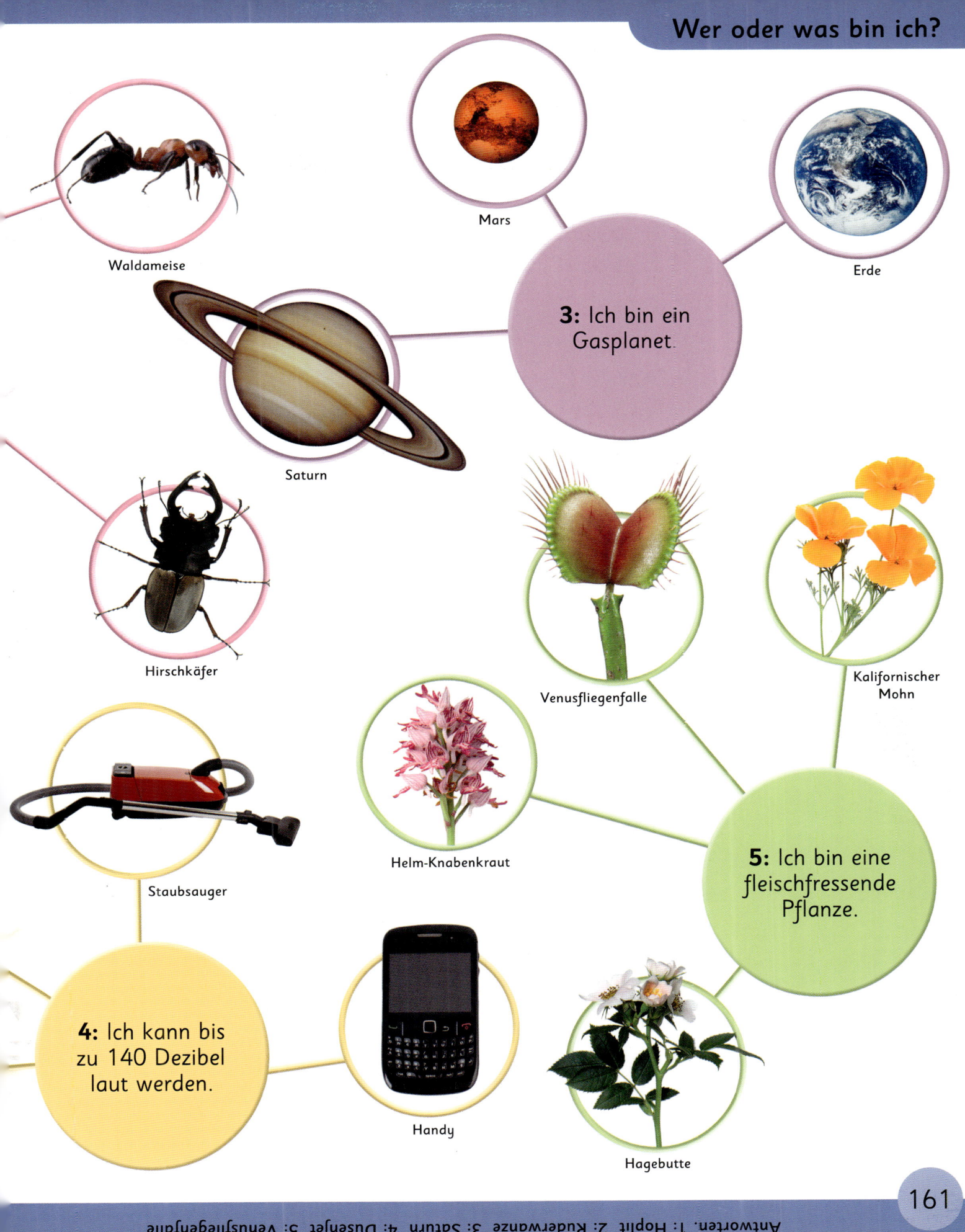

Waldameise

Mars

Erde

Saturn

3: Ich bin ein Gasplanet.

Hirschkäfer

Venusfliegenfalle

Kalifornischer Mohn

Helm-Knabenkraut

Staubsauger

5: Ich bin eine fleischfressende Pflanze.

4: Ich kann bis zu 140 Dezibel laut werden.

Handy

Hagebutte

Antworten: 1: Hoplit 2: Ruderwanze 3: Saturn 4: Düsenjet 5: Venusfliegenfalle

2: Dieses Tier der Arktis nutzt treibende Eisschollen als Floß.

3: Diese Brücke in Schottland besteht aus dicken Stahlrohren.

1: Dieses Gebäude in den USA ist erdbebensicher.

10: Diese Felsformation in Nordirland besteht aus Basalt.

12: Dieser Tempel steht in der Maya-Stadt Tikal.

11: Diese antike Stadt in Südamerika wurde von den Inka erbaut.

Wo gibt's was?

Kannst du diese Dinge ihrem Herkunftsland zuordnen? Die Hinweise auf der Weltkarte helfen dir dabei.

Forth Eisenbahnbrücke

Opernhaus von Sydney

Eiffelturm

Eisbär

Machu Picchu

Ameisenigel

7: Opernhaus von Sydney 8: Berggorilla 9: Sphinx 10: Damm des Riesen 11: Machu Picchu 12: Tempel des Großen Jaguars

4: Dieses französische Wahrzeichen steht in Paris.

5: Ein indischer Herrscher ließ dieses Monument für seine Frau erbauen.

9: Diese Statue bewacht die Pyramiden von Giseh in Ägypten.

6: Dieses australische Säugetier legt Eier.

8: Dieses Tier aus Afrika ist stark vom Aussterben bedroht.

7: Das Dach dieses australischen Gebäudes sieht aus wie die Segel eines Schiffs.

Tadsch Mahal

Tempel des Großen Jaguars

Berggorilla

Damm des Riesen

Transamerica Pyramid

Sphinx

Antworten: 1: Transamerica Pyramid 2: Eisbär 3: Forth Eisenbahnbrücke 4: Eiffelturm 5: Tadsch Mahal 6: Ameisenigel

Glossar

Aasfresser Ein Tier, das sich von den Überresten toter Tiere ernährt.

Äquator Eine gedachte Linie um die Mitte der Erde.

Architekt Eine Person, die Gebäude oder Bauwerke entwirft.

Ammoniten Eine ausgestorbene Gruppe von Meereslebewesen.

Atomkraft Energie, die freigesetzt wird, wenn Atome gespalten werden.

Dezibel Maßeinheit, in der man die Lautstärke angibt.

Dirigent Eine Person, die ein Orchester leitet und darauf achtet, dass die Musiker im Takt bleiben.

DNA Erbsubstanz, in der alle Informationen eines Lebewesens gespeichert sind.

Erdachse Gedachte Mittellinie, um die sich die Erde dreht.

Erdkruste Die äußerste Schicht der Erde aus hartem Gestein. Sie bildet die Kontinente und den Meeresboden.

Erfindung Eine von jemandem erdachte oder erbaute Sache, die es so noch nicht gegeben hat.

Fingerabdruck Abdruck der Fingerspitze, der bei jedem Menschen anders ist.

Fossil Versteinerte Überreste eines Lebewesens, das in der Urzeit gelebt hat.

Gladiator Berufskämpfer im alten Rom, der in öffentlichen Wettkämpfen gegen andere Gladiatoren oder wilde Tiere antrat.

Gletscher Große Eismasse, die sich langsam unter ihrem eigenen Gewicht hangabwärts bewegt.

Internet Weltweites Netzwerk von Computern, die miteinander Informationen austauschen können.

Inuit Einheimische Volksgruppe in arktischen Regionen.

Kontinent Eine große zusammenhängende Landmasse.

Kultur Die Lebensweise einer bestimmten Gesellschaft, zu der Musik, Kunst, Literatur und andere Bereiche gehören.

Legende Eine überlieferte Geschichte, von der man annimmt, dass sie so geschehen ist.

Mineral Ein natürlicher, fester Stoff, der in der Erde vorkommt.

Monsunklima Klima in tropischen Regionen, das im Sommer von heftigen Regenfällen gekennzeichnet ist.

Pharao Bezeichnung für die Könige im alten Ägypten.

Physik Eine Naturwissenschaft, die sich mit Materie und Energie befasst.

Pyramide Altes, steinernes Grab- oder Tempelbauwerk mit vier Seiten, die in einer gemeinsamen Spitze enden.

Reflex Eine automatische Reaktion des Körpers.

Regierung Eine Gruppe von Personen, die einen Staat leiten, indem sie Politik machen und Gesetze verabschieden.

Rüstung Schutzkleidung, die oft aus Metall ist und von Kriegern getragen wird.

Satellit Ein natürliches oder künstliches Objekt, das im Weltall um einen größeren Körper kreist.

Schallgeschwindigkeit Die Geschwindigkeit, mit der sich Schallwellen durch die Luft bewegen.

Schwerkraft Eine Kraft, die alle Objekte anzieht. Die Schwerkraft der Erde verleiht allen Dingen ihr Gewicht.

Seismograf Eine Maschine, die die Bodenerschütterungen von Erdbeben misst und somit Vorhersagen treffen kann.

Tarnung Farben und Muster, mit denen z. B. ein Tier von seiner natürlichen Umgebung kaum zu unterscheiden ist.

Teleskop Fernrohr, mit dem man weit entfernte Objekte wie Planeten und Sterne beobachten kann.

Tempel Ort der Gottesverehrung und der Andacht.

Tropen Gebiete am Äquator, wo es das ganze Jahr sehr warm und feucht ist.

Umlaufbahn Bahn, auf der ein Objekt im Weltall um einen Körper kreist.

Verdauung Vorgang, bei dem Speisen in winzige Teilchen zerlegt werden, die der Körper verwerten kann.

Vorfahren Mit dir verwandte Personen, die vor langer Zeit gelebt haben.

Wolkenkratzer Ein besonders hohes Hochhaus.

Wüste Sehr trockenes und heißes Gebiet, in dem äußerst selten Regen fällt.

Register

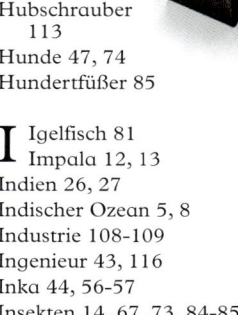

A Aasfresser 13
Ackerbau 43, 56 71
Adler 83
Affen 46, 74, 75
Afrika 4, 7
Ägypten, Altes 44, 48–49
Ahorn 68
Aldrin, Buzz 63
Allah 27, 29
Alligatoren 78, 79
Alphabet 30, 54
Amazonas 4, 14, 15
Ameisen 14, 84
Ameisenbär 13
Amphibien 72, 76-77
Amundsen, Roald 61
Anden 4, 18, 57
Antarktis 5, 20, 21
Äpfel 70, 71
Äquator 4, 5, 14
Arktis 20
Asien 5, 7, 18
Asseln 85
Asteroiden 150, 151
Astronaut 42, 63, 117, 141, 149, 152, 153, 154, 155
Athen 50, 51
Atlantischer Ozean 4, 8
Atlas 7
Atmen 64, 66, 132
Atomkraft 62
Australien 5, 7
Azteken 44, 56-57

B Ballett 37
Basar 23
Baseball 40
Basketball 40
Bauer 43, 46, 57
Bäume 12, 14, 64, 68-69
Baumwolle 38
Berge 18-19, 138
Berggorilla 19
Berglöwe 19
Beruf 25, 42-43
Bethlehem 29
Beuteltiere 74
Bibel 27
Bienen 66, 84
Bildende Kunst 33
Bildhauer 32, 33
Blätter 66, 71
Blaumeise 83
Blauwal 73
Blindwühlen 76
Blut 89, 90
Blüten 66, 67
Blütenblatt 66, 67
Bogenschütze 59
Braunbär 64, 65
Brillenbär 19
Buch 31
Buche 68

Buckelwal 75
Buddha 26, 27, 28
Buddhismus 26, 27, 28
Burg 33, 58-59

C Cäsar, Julius 53
Chamäleon 79
China 7, 24
Christentum 26, 29
Clownfisch 73
Computer 30, 41, 63, 118-119, 123
Computerspiele 41

D Darm 91
David, König 26
Davidstern 26
Delfin 75
Dirigent 34
Dinosaurier 86-87
Drachenschiff 54
Druckerpresse 31
Düne 10
Düsentriebwerk 63

E Ebbe 9
Echo 105
Echsen 78, 86
Edelsteine 130, 131
Eiche 68
Eidechsen 78
Eier 74, 76, 78, 80, 83, 85
Eiffelturm 22
Einstein, Albert 97
Eis 20, 134
Eisbär 20
Eishockey 40
Elefanten 12, 74
Elektrizität 62, 100-101
Elektromagnet 101
E-Mail 122, 123
Empire State Building 22
Energie 98-99
Entdecker 45, 60-61
Erbsen 71
Erdbeben 125, 126-127
Erde 4, 124, 125, 140, 144, 145
Erdoberfläche 4, 5, 124
Erdplatte 18, 125
Erfindung 47
Ernährung 70, 71, 91
Ernte 71
Eulen 82, 83
Europa 4, 7
Experiment 96

F Farbe 33, 102-103
Federn 82, 83
Fell 74, 75,
Fernsehen 63, 120-121, 122
Feuer 46
Feuersalamander 76
Feuerstein 44, 46

Fichte 69
Fische 73, 80-81
Fischotter 17
Flamenco 37
Flamingo 17
Fledermäuse 74, 75
Fliegen 82, 83, 84
Fliegen (Insekten) 73
Flossen 73, 74, 80
Flügel 82, 84
Fluss 5, 16-17, 135
Flut 9
Fossilien 86, 129
Fotografie 33
Freizeit 25, 40-41
Frösche 14, 72, 76, 77
Früchte 69, 70, 71
Füllfederhalter 30
Fußball 40

G Gagarin, Juri 63
Galaxie 140, 142-143
Gase 97, 133
Gebäude 32, 33, 116, 117
Gebirge 5, 18, 19
Gehirn 89, 94-95
Geier 13
Gemüse 71
Gencode 63
Gepard 75
Getreide 71
Gewicht 106
Gewitter 137
Gibbons 75
Giraffe 12
Gladiator 52
Globus 4
Gnu 12
Gold 57, 131
Golf 41
Gorilla 74, 75
Gott 26, 27, 28, 29
Götter 26, 28, 29, 50, 51, 56
Gradnetz 7
Griechen 45, 50-51
Griechenland 36, 45, 50
Grillen 85
Grizzly 64
Große Seen 5, 17
Guatemala 57
Gummi 69

H Haar 88
Haie 9, 81
Handy 63, 123
Haupstadt 6, 23
Helm 51, 55, 59
Herz 89, 93
Heuschrecken 84, 85
Hieroglyphen 30, 48, 49
Himalaja 5, 18
Hinduismus 26, 29
Höhlenmalerei 32, 46

Holz 69
Honig 84
Hubschrauber 113
Hunde 47, 74
Hundertfüßer 85

I Igelfisch 81
Impala 12, 13
Indien 26, 27
Indischer Ozean 5, 8
Industrie 108-109
Ingenieur 43, 116
Inka 44, 56-57
Insekten 14, 67, 73, 84-85
Instrument 34, 35
Internet 63, 123
Islam 26, 27, 28
Italien 52

J Jagd 47
Jahreszeiten 139
Japan 59
Jazzmusik 34, 35, 37
Jerusalem 26
Jesus 26, 29
Judentum 26, 27, 29

K Kairo 23
Kaktus 10, 67
Kamel 10
Känguru 74
Kanu 60
Karawane 10
Karotten 71
Kartoffeln 71
Kastagnetten 37
Katzen 74
Kaulquappen 76
Kerne 70, 71
Kettenhemd 55, 58
Kiemen 73, 80
Kimono 39
Kino 40, 41
Kirche 29
Klagemauer 27
Klapperschlange 72
Klassische Musik 34
Klettern 19, 40
Klima 138-139
Knochen 81, 83, 89, 92, 93
Knochenfische 81
Knollen 71
Knorpel 81
Koala 74
Kohl 71
Kohle 99, 101, 130, 131
Kohlenstoffdioxid 66, 70, 132, 133
Kokon 85
Kokosnuss 69
Kolibri 83
Kolosseum 52

Kolumbien 6
Kolumbus, Christoph 60
Komet 150-151
Komodowaran 78
Kompass 124
Korallenriff 8
Koran 27
Kostüm 36
Kraftwerk 100, 101
Kragenechse 78
Krallen 82
Krokodile 17, 78, 79
Kröten 76, 77
Küken 83
Kultur 24
Kunst 24, 32-33
Kupfer 47

L Lama 57
Landwirtschaft 71
Lanze 58, 59
Latein 53
Laubbäume 68
Laubfrosch 72, 77
Lautstärke 104
Lava 126
Lawine 19
Leder 38
Legionär 53
Lehrer 43
Leukämie 15
Libelle 67
Licht 70, 98, 99, 102-103
London 22
Löwe 73
Luft 66, 70, 132-133

M Madonna 35
Magen 90, 91
Magma 126, 128
Magnet 107, 124
Mähdrescher 71
Mais 56

Mammutbäume 68
Mammut 47
Mandela, Nelson 63
Marienkäfer 84
Marionetten 37
Markt 42
Mars 19
Maschine 116, 118-119
Maya 44, 56-57
Medizin 116
Meer 4, 8-9, 134, 135
Mekka 27
Menschen 24-25, 44, 46, 64, 65, 70, 74, 75
Menschenaffen 75
Metall 101, 107, 130, 131
Meteoriten 87, 151
Mexiko 6, 56
Mikrochip 63, 109
Mikroskop 96
Milchstraße 143
Minerale 129
Mississippi 4, 16
Mittelamerika 56
Mode 24, 38-39

Mohammed 27
Molche 76
Mönch 28
Mond 63, 148-149
Morsen 30
Moschee 28
Moskau 7, 23
Mount Everest 5, 18, 61
Mumie 48, 57
Mund 88, 90
Musik 24, 34-35, 36, 37
Muskeln 88, 89, 92-93
Muslim 27, 28, 29

N Nachrichten 121
Nacktschnecke 85
Nadelbäume 69
Nahrung 70, 90, 99
Neandertaler 46
Nektar 66, 84
Nerven 89, 94, 95
Nest 82, 83
Newton, Isaac 97
New York 22
Nil 4, 5, 48, 49
Nomaden 11
Nordamerika 4, 6, 54
Nordpol 4, 9, 20, 124
Nordpolarmeer 4, 8, 9, 20
Norgay, Tenzing 61
Nüsse 71
Nylon 38

O Oase 11
Oberer See 4, 5, 17
Obst 70
Olympia 51
Olympische Spiele 23, 50
Oper 35
Orang-Utan 15, 75
Orange 71
Orchester 34
Orchidee 15
Ozean 4, 8-9, 134

P Palast 57, 58
Pampa 12, 13
Papageien 14, 82, 83
Papier 30, 69
Papyrus 30
Paris 22
Pazifische Inseln 60
Pazifischer Ozean 4, 5, 8, 60
Pelikan 82
Peru 6, 57
Pferde 58, 59
Pflanzen 10, 15, 64, 65, 66-67, 70-71
Pflug 71
Pharao 44, 48, 49
Piktogramm 30
Pilze 64
Pinguine 20, 21, 82
Piranhas 17
Planeten 140, 144, 145, 146-147
Plattfische 80
Polarfuchs 75
Pole 20-21, 138
Pollen 66, 67
Polo, Marco 60
Pompeji 127
Popmusik 34, 35, 63
Prärie 12, 13
Primaten 75
Puma 19
Puppentheater 37
Pyramide 23, 48, 49, 56

R Rabbi 29
Raddampfer 16
Radio 121, 122
Rakete 152
Raumfähre 42, 45, 153
Raumsonde 155
Raumstation 153
Raupe 85
Reflex 94
Regen 135, 136, 137
Regenbogen 103
Regenwald 14-15
Regenwurm 85
Regierung 6

Reis 43, 71
Religion 25, 26-27, 28-29
Rentier 20, 47
Reptilien 72, 78-79
Reykjavik 23
Rio de Janeiro 22
Ritter 58-59
Roboter 117
Rockmusik 34, 35
Rocky Mountains 4, 18
Rom 7, 52-53
Rotkehlchen 82
Rugby 40
Runen 30
Russland 7, 22
Rüstung 55, 59

S Sahara 4, 5, 11
Salamander 76
Salat 71
Salz 8, 17, 134
Salzwasser 8, 134
Samen 66, 67, 70, 71
Samurai 59
Sand 10
Satellit 7, 122, 123
Sauerstoff 18, 64, 66, 89, 132, 133
Säugetiere 73, 74-75
Savanne 12
Schach 41
Schädel 46
Schall 104-105
Schanghai 23
Schatten 102
Schauspieler 36
Schild 51, 52, 55, 58
Schildkröten 78, 79
Schimpanse 75

Schlangen 14, 72, 78
Schmetterlinge 14, 84, 85
Schnabel 82, 83
Schnabeligel 75
Schnabeltier 75
Schnee 19, 135, 136
Schneeleopard 19
Schollen 80
Schreibfeder 30
Schreibmaschine 30
Schrift 24
Schriftsteller 36, 43
Schule 42
Schuluniform 38
Schwalbe 83
Schwerkraft 97, 106, 141
Schwert 52, 55, 59
Schwimmen 41
Scott, Robert 61
Seehund 75
Seepferdchen 80
Seerosen 67
Segeln 40
Seide 38
Seismologe 127
Sikhreligion 26, 27, 29
Skandinavien 54
Skelett 81, 89, 92
Skifahren 40
Skorpion 85
Snowboarden 40
Sonne 136, 139, 140, 144-145
Sonnenfinsternis 149
Soldat 51, 53, 58
Speer 52, 55
Sphinx 49
Spinnen 84-85
Sport 25, 40-41, 63
Sprache 24, 53
Stachelrochen 81
Städte 22-23, 47, 57
Stängel 67, 71
Steinadler 19
Steppe 12
Stepptanz 37
Sternbild 143
Sternschnuppe 151
Strauß 83
Strom 62, 100-101
Südafrika 63
Südamerika 4, 6, 56
Südpol 4, 20, 21, 61, 124
Südpolarmeer 5, 8
Sydney 23, 33
Symbol 30
Synagoge 29

T Tanne 69
Tarnung 79
Tauchboot 61, 115
Tausendfüßer 85
Telefon 123
Teleskop 140, 154, 155
Tempel 27, 50, 56, 57
Temperatur 136
Tennis 41

Theater 24, 36-37, 50
Theorie 96
Thora 27, 29
Tiber 52
Tibet 18
Tiefsee 61
Tierarzt 43
Tiere 10, 14, 17, 19, 21, 43, 64, 65, 70, 72-87, 105
Junge 74, 76, 78, 80, 83, 85, 87
Tiger 72
Tinte 30
Tischtennis 41
Tokio 23
Tomate 70
Totes Meer 17
Touristen 22
Tracht 39
Tradition 24
Traktor 71
Troja 51
Tukan 82, 83
Tundra 20
Turban 29
Tutenchamun 44
Tyrannosaurus rex 86

U Überschallflugzeug 105, 113
U-Boot 115
Umwelt 63
Uniform 39
Urknall 141

V Vespucci, Amerigo 61
Vesuv 127
Vögel 72, 82-83
Vulkan 8, 19, 125, 126-127

W Waffen 51, 52, 55, 58
Wald 68, 69
Wale 74, 75
Walhai 80
Wappen 51, 59
Wärme 98, 99
Wasser 4, 70, 134-135
Wasserfall 16
Weihnachten 29
Weizen 13, 71
Weltkrieg 62
Werkzeug 46, 47
Wetter 136-137
Wikinger 54-55
Wind 136
Winterschlaf 75
Wölfe 74
Wolken 135, 136, 137
Wolkenkratzer 22, 32
Wüste 5, 10-11, 138
Wurzeln 67, 71

X,Y Xylofon 34
Yak 75

Z Zapfen 69
Zebra 12, 75
Zecke 85
Zeitung 31, 121
Zeppelin 113

Maße, Zahlen und Abkürzungen

Dank

Der DK Verlag dankt folgenden Personen:

Andrew O'Brien für Grafiken; Lisa Magloff, Amanda Rayner und Penny York für Redaktionsassistenz; Jacqueline Gooden, Claire Penny, Mary Sandberg und Cheryl Telfer für Assistenz bei der Gestaltung; David Roberts für Kartographie; Angela Anderson und Sean Hunter für zusätzliche Bildrecherche; Sally Hamilton, Rose Horridge, Sarah Mills und Charlotte Oster für DK-Bildarchiv-Recherche; Charlie Gordon-Harris für allgemeine Assistenz; David Holland für die Abbildung seiner traditionellen Kasperfiguren; Victoria Waddington für Fotografie-Assistenz.

Bildnachweis